Recuerdos de Linton Hall Military School

Volumen 2

Recuerdos de Linton Hall Military School

Volumen 2

Linton Hall Cadet

Scrounge Books
Arlington, Virginia

Copyright © 2025 Linton Hall Cadet. Todos derechos de autor reservados. All rights reserved.

Ninguna parte de este libro puede ser utilizada o reproducida, almacenada en un sistema de recuperación, total o parcialmente, de ninguna manera, ni transmitida en ninguna forma ni por ningún medio, electrónico, mecánico, fotocopia, grabación, escaneo o de otro modo, con excepción de citas breves incluidas en artículos de noticias, artículos críticos y reseñas, sin el permiso expreso por escrito del titular de los derechos de autor.

Algunos capítulos de este libro se publicaron previamente en el blog lintonhallmilitaryschool.blogspot.com y han sido revisados y traducidos para este libro:
    Derechos de autor © 2016 Linton Hall Cadet: Capítulos 2, 3, 4, 5, 6
    Derechos de autor © 2017 Linton Hall Cadet: Capítulo 7
    Derechos de autor © 2018 Linton Hall Cadet: Capítulos 8, 9, 10
    Derechos de autor © 2024 Linton Hall Cadet: Capítulos 11, 12, 13, 14

The Scripture quotations contained herein are from the New Revised Standard Version Bible,
copyright © 1989, Division of Christian Education of the National Council of Churches of Christ in the U.S.A.. Used by permission. All rights reserved.
Las citas bíblicas contenidas en este documento provienen de la New Revised Standard Version Bible,
copyright © 1989, Division of Christian Education of the National Council of Churches of Christ in the U.S.A..
Utilizado con autorización. Todos los derechos reservados.

Diseño del libro y de la cubierta por Linton Hall Cadet
Traducido al español por Linton Hall Cadet
Publicado por Scrounge Books
ISBN 978-1-0691142-1-1
Library of Congress Control Number: 2025930150
Primera edición
Título de la obra original en inglés: *Linton Hall Military School Memories Volume 2,*
ISBN 978-1-0691142-0-4 publicado en 2025 por Scrounge Books.

Los acontecimientos descritos en este libro fueron observados o experimentados de primera mano por el autor, y fueron típicamente presenciados por entre treinta y doscientos cadetes, y se describen precisamente como el autor los recuerda.

Las opiniones expresadas en este documento son únicamente las del autor y no reflejan necesariamente los puntos de vista de las Benedictine Sisters of Virginia, Linton Hall Military School, Linton Hall School, sus empleados o maestros o sus estudiantes actuales o anteriores.

Publisher's Cataloguing-in-Publication Data

Linton Hall Cadet (pseud.)
    Linton Hall Military School Memories Volume 2 / Linton Hall Cadet
    Arlington, Virginia: Scrounge Books, ©2025.
    vi, 102 pages: illustrations, portraits; 26 cm.
    ISBN 9781069114211
    1. Linton Hall Military School, Bristow, Va. – History – 1901-2000
    2. Linton Hall School – History – 1901-2000
    3. Schools – Virginia – Prince William County
    4. Catholic Schools
    5. Catholic Schools – Virginia
    6. Prince William County – Bristow – History
    7. Military Cadets – Virginia – Prince William County
    8. Boys – Education – United States
    9. Boarding Schools – Virginia – Prince William County
    10. Military Education – Virginia – Prince William County
    11. Military Education – Curricula – Virginia – Prince William County
    I. Title
    U430.L5 L56 2025
    975.527 Lin
    Library of Congress Control Number: 2025930150

"Hasta Satanás se disfraza de ángel de luz.
Así que no es extraño que sus ministros también
se disfrazan de ministros de justicia.
Su fin estará a la altura de sus acciones."

— 2 Corintios 11:14-15

"Porque sois como tumbas blanqueadas,
que por fuera son hermosas,
pero por dentro están llenas de huesos de muertos
y de toda clase de inmundicias.
Así también vosotros, por fuera,
aparentáis ser justos ante los hombres,
pero por dentro estáis llenos de hipocresía y de iniquidad."

— Mateo 23:27-28

Contenido

1. Introducción al Volumen 2 3
2. Bill Farquhar sobre la historia de Linton Hall 4
3. ¿Por qué Linton Hall no ayudó a los niños pobres
   a aprender un oficio? 6
4. El precursor de Linton Hall, el St. Joseph Institute,
   en 1922 tenía moscas, chinches, piojos, un brote de
   fiebre tifoidea ... y un sacerdote falso que mantenía
   relaciones sexuales con una niña de dieciséis años 9
5. Los ex-alumnos de Linton Hall incluyen
   los hijos del presidente de Nicaragua 11
6. Por qué Linton Hall tuvo que cambiar 12
7. La tradición benedictina de Linton Hall: la chocante verdad 14
8. Sister Mary David, OSB contesta 17
9. Maxime DuCharme,
   el cuarto y último comandante de Linton Hall 19
10. Uniforme de gala de LHMS, con fotografías 21
11. Coronel Marlin S. Reichley,
    el tercer comandante de Linton Hall 25
12. Las diferencias entre los oficiales de Linton Hall 26
13. Sister Mary David, OSB 31
14. Vídeos de LHMS en youtube.com 32
15. Military Day, 1948 35
16. Discurso de Military Day, 1950 37
17. Teniente Lawrence Scott Carson, Jr.,
    el segundo comandante de Linton Hall 40
18. "Todo lo que hice lo estaba haciendo para Dios porque
    Él quería que lo hiciera." – Sister Mary David, OSB 42
19. Fotografías 43
20. Bill Farquhar, maestro de gimnasia y entrenador de deportes 46
21. Más sobre el ex-alumno de Linton Hall
    John Phillips, de The Mamas and The Papas 47
22. Linton Hall a mediados de la década de los años setenta 49
23. Padre Blase Strittmatter, OSB 51

24. Castigos 53
25. La escuela y las maestras 62
26. Recuerdos, actualizaciones y pensamientos 65
27. Cuando a nadie le importa 73
28. Fuera de límites: los edificios de Linton Hall 77
29. Votos benedictinos y el nuevo 'monasterio' 79
30. ¿Las monjas deberían dirigir escuelas militares? 84
31. Últimos pensamientos 89
Apéndice A: Lista de hermanas en el cementerio de Linton Hall 90
Apéndice B: Lista de otras personas en el cementerio de Linton Hall .. 98
Apéndice C: Cementerio de la familia Linton 99
Acerca del autor 101
Leyenda de las fotografías de la tapa 102

1
Introducción al Volumen 2

En 2010, aproximadamente cuarenta años después de haberme graduado de la Linton Hall Military School, comencé a escribir un blog sobre mis propias experiencias, así como sobre las que habían vivido otros cadetes. Necesitaba *escribir* la historia de nuestros años allí, que había quedado oculta por la censura de las cartas enviadas a nuestros padres y el encubrimiento revisionista del pasado por parte de las monjas benedictinas.

En 2014 publiqué mi libro, *Linton Hall Military School Memories,* para darle forma tangible y permanente a mis publicaciones anteriores del blog junto con varios capítulos nuevos. Puse este libro a disposición en Amazon.com y le puse un precio que cubriera los gastos de impresión y venta de Amazon, sin ganar ni un centavo para mí. (Puedo decir lo mismo de este segundo volumen, vendido a un precio que tampoco me gana ni un centavo.)

En aquel momento pensé que no tenía nada más que decir, pero no fue así. Este segundo volumen contiene todas las entradas posteriores del blog, así como diecisiete capítulos nuevos e interesantes que no se han publicado antes y que solo se pueden leer en este libro. Para comodidad de los lectores del blog, el nuevo material comienza con el capítulo 15.

Para los lectores de esta edicion en español, ustedes seguramente conocen la lengua española mucho mejor que yo, y les pido disculpa por los errores.

2
Bill Farquhar sobre la historia de Linton Hall

Bill Farquhar,[1] que fue entrenador deportivo y maestro de gimnasia y geografía en Linton Hall durante varias décadas, también era un aficionado a la historia. En 1992, pronunció un discurso sobre la historia de Linton Hall.[2] Entre los datos interesantes que compartió:

• La Ruta 619, parte de la cual también se conoce como Linton Hall Road, fue un sendero indígena durante el período precolonial. También había un campamento indígena en la parte de la propiedad de Linton Hall donde se han encontrado curvas y puntas de flecha de Broad Run.

• Había esclavos en los terrenos de John Linton, antes de que fueran donados a los benedictinos para el sitio de la actual escuela Linton Hall. Al menos ocho esclavos fueron enterrados allí, cada tumba marcada con una gran piedra. Desafortunadamente, alrededor de 1941-1942, el jardinero, que no sabía por qué estaban allí las piedras y ya que hacían difícil cortar el césped, las desenterró y las enterró más profundamente. Como consecuencia, ahora se desconoce la ubicación de esas tumbas.

• Durante la década de 1920, los agricultores que trabajaban en el terreno de la Linton Hall Military School encontraron balas de cañón y proyectiles viejos de la Guerra Civil. Algunos de estos se pusieron en exhibición en el antiguo convento y, cuando se construyó el nuevo, Bill Farquhar recibió algunos. Unos años después de recibirlos, Bill se preguntó si algunos de ellos podrían estar todavía activos, por lo que se puso en contacto con el Jerife, Ralph Shumate, quien llamó a Fort Belvoir. Algunos soldados vinieron de Ft. Belvoir y colocaron los proyectiles en una caja , con mucho cuidado, porque, de hecho, estaban activos. Devolvieron las partes de los proyectiles explotados aproximadamente un mes después.

---

[1] En el capítulo 20 se presenta una biografía de Bill Farquhar.

[2] Un agradecimiento especial al ex alumno que me informó de la existencia del discurso de Bill y a la Comisión Histórica del Condado de Prince William por haberlo grabado en audio.

- Durante la década de 1930, había muy pocas carreteras asfaltadas en la zona. Linton Hall Road todavía era un camino de tierra, que se volvía extremadamente barroso cuando llovía. Todo esto cambió cuando, en 1938, John Joseph Becker, un abogado de Norfolk, envió a sus tres hijos a la Linton Hall Military School. Según Bill, el Señor Becker usó su influencia con el Comisionado de Carreteras de Virginia Henry G. Shirley (en cuyo honor se bautizó la Carretera Shirley) para que se asfaltara la carretera desde Chapel Springs hasta Linton Hall. No fue hasta alrededor de 1952-1953 que se asfaltó el resto de Linton Hall Road, hasta Gainesville.

3
¿Por qué Linton Hall no ayudó a los niños pobres a aprender un oficio?

Esa fue, después de todo, la condición bajo la cual la Orden Benedictina recibió 1.736 acres (o sea 703 hectáreas) de tierra de Sister Mary Baptista, VHM.³

En 1893, Sister Mary Baptista entregó la tierra con la condición de que se utilizara para

" una escuela industrial y de formación para niños y jóvenes blancos pobres y sin amigos... [y] una escuela para la formación y educación de niñas blancas pobres y sin amigos, en hábitos de trabajo y virtud y en el aprendizaje de ocupaciones útiles adecuadas a su condición de vida".⁴

En este contexto, el término *sin amigos* significa niños que no tienen padres u otros parientes que los cuiden, o sea, huérfanos o abandonados, en el lenguaje actual. Ocupaciones *industriales, de formación* y *útiles adecuadas a su condición de vida* significa que se les debía enseñar un oficio, en lugar de un currículo académico. La limitación a los blancos se volvió inaplicable como resultado de casos judiciales y la legislación de derechos civiles.

El Saint Joseph Institute se abrió en 1894 y cerró en 1922, como se detallará en el Capítulo 4. Aunque era una escuela para niños, "nunca fue una institución educativa de primer nivel, y nunca fue realmente una escuela industrial en absoluto".⁵

---

³Johnston, Sister Helen, *The Fruit of His Works.* Bristow, Va.: Linton Hall Press, 1954, págs. 37-40. Recuerdo haber conocido a Sister Helen mientras estaba en Linton Hall, cuando ella sustituyó a otra maestra una o dos veces.

⁴ Baumstein, Dom Paschal, OSB, *My Lord of Belmont: A Biography of Leo Haid.* Belmont, NC: Herald House, 1985, p. 138, citando Archives of the Abbey of Maryhelp, Deed from Phillips to Trustees, enero de 1893. El libro de Baumstein, meticulosamente investigado, aunque trata principalmente de la Abadía de Belmont y del Abad Haid, dedica un capítulo al legado de Linton.

⁵ Baumstein, op. cit., pág. 151.

Tampoco se cumplió la condición de que los niños pobres asistieran a la escuela, al menos no como práctica general. Hubo una fuerte resistencia a que el St. Joseph Institute cubriera los gastos de los niños pobres, y solicitó a la Diócesis de Richmond que pagara por esos niños.[6]

En 1894, las hermanas Benedictinas abrieron Saint Edith, una academia para niñas. En 1897 abrieron Saint Anne, una escuela industrial para niñas.[7]

Las escuelas para niñas fundadas por las hermanas Benedictinas no se construyeron en las 703 hectáreas de terreno del legado de Sister Mary Baptista, sino en la cercana granja Kincheloe de 37,5 hectáreas, que originalmente había pertenecido a la familia Linton y que luego fue vendida y comprada por las hermanas Benedictinas. Como este terreno no formaba parte del legado de Linton, las hermanas no estaban sujetas a las condiciones impuestas en el legado de Linton.[8]

Sin embargo, se podría argumentar que, en espíritu, se había cumplido la condición de construir una escuela industrial para niñas. Pero las escuelas para niñas en Bristow se cerraron cuando se abrió la Linton Hall Military School en 1922.

No se sabe si St. Anne solicitó o no el apoyo diocesano para los gastos de las niñas, pero en 1922, como el Saint Joseph Institute seguía insistiendo en que solo aceptaría huérfanos si la diócesis pagaba sus cuotas, el obispo O'Connell comenzó a preocuparse de que se estuviera violando el acuerdo de fideicomiso y las benedictinas corrían el riesgo de perder la propiedad.[9] Este asunto llegó a un punto crítico con un caso judicial en el Tribunal de Circuito del Condado de Prince William (Virginia) en febrero de 1923. Aunque la Diócesis de Richmond argumentó que debido a que no había una escuela industrial, y la instrucción era educativa en lugar de industrial, y los monjes se negaron a aceptar niños "sin amigos" de forma gratuita, se habían violado los términos del fideicomiso. Por otra parte, el St. Joseph Institute argumentó que, como no se había presentado ninguna protesta en veinte años, era demasiado tarde para hacer cumplir las disposiciones del fideicomiso. El tribunal falló a favor de St. Joseph y el título de propiedad de la tierra pasó a las benedictinas sin ningún problema, sin que las condiciones de Sister Mary Baptista se mantuvieran vigentes. Cuatro años después, en 1927, la Abadía de Belmont entregó las 703

---

[6] Ibíd., págs. 160-161.

[7] Ibíd., pág. 149.

[8] Johnston, op. cit., págs. 51-52.

[9] Baumstein, op. cit., págs. 172-173.

hectáreas de tierra, junto con los edificios que había allí (excepto la biblioteca y su contenido) y el ganado a las hermanas benedictinas.

Como resultado, el obsequio de Sister Mary Baptista Linton pasó a ser propiedad de las hermanas benedictinas, aunque nunca se construyó una escuela industrial para niños y jóvenes, y la escuela industrial para niñas, Saint Anne, estuvo abierta desde 1897 hasta 1922, un período de solo veinticinco años.[10] La mayor parte de esta tierra fue vendida posteriormente a los desarrolladores por las hermanas Benedictinas, y la extensa tierra en la que los ex alumnos de la Linton Hall Military School iban de campamento y de excursión ya no es propiedad de la Escuela Linton Hall. A partir de 2024, las hermanas Benedictinas poseen solo 37 hectáreas en Bristow, habiendo vendido aproximadamente el 95% de sus propiedades anteriores.

No sé cómo se utilizaron las ganancias de la venta de la tierra, o si se utilizaron de acuerdo con los deseos de Sister Mary Baptista.[11] Creo que aunque no existía una obligación legal de hacerlo, existía una obligación moral.

---

[10] Ibíd., págs. 174-175.

[11] El capítulo 29 describe cómo la venta de una parte del terreno se utilizó para construir el nuevo y costoso "monasterio".

4
El precursor de Linton Hall, el St. Joseph Institute, en 1922 tenía moscas, chinches, piojos, un brote de fiebre tifoidea ... y un sacerdote falso que mantenía relaciones sexuales con una niña de dieciséis años

Un informe mordaz de Joseph Tobin, OSB, escrito el 4 de agosto de 1922, describía las condiciones extremadamente sucias del Saint Joseph Institute, el internado para chicos dirigido por sacerdotes y hermanos benedictinos en Bristow, Virginia.

    Frater Tobin, un investigador encubierto enviado por el abad Leo Haid, OSB, de Belmont Abbey, Carolina del Norte, describió una deplorable falta de higiene, con chinches, piojos y un refectorio "infestado de moscas". Su informe también afirmaba que un inspector de agua había prohibido el uso de agua de pozo para beber y que el retrete no se había limpiado en dos años. Un médico y una enfermera inspeccionaron las instalaciones y amenazaron con condenar a todo el instituto.[12]

    La falta de higiene había provocado un brote de fiebre tifoidea, y cinco chicos que habían estado allí durante el verano acabaron postrados en cama, y al menos dos de ellos, los hermanos Barnes, gravemente enfermos. La madre no fue informada de la enfermedad de sus hijos durante ocho días, y cuando llegó encontró a sus hijos con "temperaturas que en ese momento alcanzaban los 105 [grados Fahrenheit, o sea 40,5° centígrados]... cubiertos de moscas, piojos y chinches". La señora Barnes hizo que transfirieran a sus hijos a un hospital de Washington, DC. No se sabe si se recuperaron.[13] El informe de Frater Tobin también confirmó las preocupaciones planteadas por el señor Barnes. El padre Barnes y la

---

    [12] Baumstein, Dom Paschal, OSB, *My Lord of Belmont: An Autobiography of Leo Haid.* Belmont, NC, Herald House, 1985, páginas 166-167. Un libro ampliamente documentado. Aunque el libro trata principalmente de las actividades de los benedictinos en la Abadía de Belmont, En Carolina del Norte, hay un capítulo que cubre el legado de tierras de Linton y las actividades de los benedictinos en Bristow hasta la fundación de la Linton Hall Military School.

señora Keane, una enfermera contratada para cuidar de los niños enfermos, le dijeron a Bristow que Denis Smith, que se hacía pasar por sacerdote, pero que no lo era, se había tomado "libertades" con la hija de 16 años de una mujer que trabajaba como cocinera en el Instituto. [14]

Al mes siguiente, el padre Ignatius Remke, OSB, llegó a Bristow y confirmó que los informes "sobre la suciedad, la mugre, etc. de este lugar" eran "todos ciertos," y que aunque había dos pozos, el agua era inaceptable para el consumo humano.[15]

Un año después, el padre Remke descubrió que una línea de alcantarillado rota había estado vertiendo desechos humanos debajo del priorato durante hasta tres años.[16]

Para restablecer la higiene y mejorar las condiciones de vida, la matrícula en St. Joseph, que anteriormente había sido de 77 estudiantes internos y 11 estudiantes externos, se redujo drásticamente a entre 25 y 30.[17] En ese momento, el Saint Joseph Institute "fue dejado morir de desgaste". Las hermanas benedictinas, que dirigían dos escuelas para niñas en Bristow, la Academia Saint Edith y Saint Anne, cerraron estas dos escuelas para niñas, continuaron sus actividades de enseñanza a niñas en Richmond y abrieron la Linton Hall Military School para varones en Bristow, Virginia. En 1927, las 1.736 acres de tierra donadas por los Linton fueron entregadas a las hermanas benedictinas.

---

[13] Baumstein, op.cit., pp.164-165, citando una carta de la Sra. AJ Barnes al abad Haid, fechada el 3 de agosto de 1922.

[14] Ibíd., pág. 166.

[15] Ibíd., pág. 172, citando una carta del Padre Remke al abad Haid, fechada el 11 de septiembre de 1922.

[16] Ibíd., pág. 172, citando una carta del Padre Remke al abad Haid, fechada el 26 de septiembre de 1923.

[17] Ibíd., pág. 172, citando una carta del Padre Remke al abad Haid, fechada el 22 de enero de 1924.

5
Los ex-alumnos de Linton Hall incluyen los hijos del presidente de Nicaragua

Durante el año escolar 1962-1963, Luis Somoza, de 12 años, y su hermano Álvaro, de 11, asistieron a la Linton Hall Military School. (No sé si asistieron a Linton Hall otros años). Eran hijos de Luis Antonio Somoza Debayle, quien fue presidente de Nicaragua desde el 29 de septiembre de 1956 hasta el 1 de mayo de 1963. Murió en 1967 (a los 44 años) de un ataque cardíaco masivo. Sin embargo, la madre de los niños vivió hasta 2014.

El abuelo de los niños era Anastasio Somoza, nacido en 1896, y presidente de 1937 a 1947 y de nuevo de 1951 a 1956, cuando fue asesinado.

El tío de los niños (hermano de su padre), Anastasio Somoza Debayle, fue presidente de 1967 a 1972 y de 1974 a 1979. Fue depuesto por los sandinistas después de una larga guerra civil en julio de 1979. Huyó a Paraguay, donde fue asesinado en septiembre de 1980.[18]

El gobierno de la familia Somoza durante aproximadamente cuatro décadas ha sido descrito como una dictadura hereditaria.

---

[18] Pittsburgh Press, 28 de junio de 1963, página 2; Wikipedia.

6
Por qué Linton Hall tuvo que cambiar

La escuela Linton Hall ha cambiado radicalmente desde que yo estuve allí. Por lo que sé, la mayoría de estos cambios se produjeron como respuesta a factores externos, más que como resultado de un deseo de cambio desde dentro.

La creciente impopularidad de la guerra de Vietnam provocó una pérdida de prestigio de las fuerzas armadas, y esto también tuvo un efecto sobre las escuelas militares, aunque el declive del número de escuelas militares en los EE. UU. había ya comenzado antes del comienzo de la guerra de Vietnam.

Al mismo tiempo, las escuelas de un solo sexo también estaban perdiendo su atractivo por razones que incluían la falta de oportunidades de socialización con el sexo opuesto, así como el deseo de dar a las niñas y mujeres la oportunidad de asistir a escuelas que las habían excluido.

Aunque no me interesaba el aspecto militar (hubiera preferido pasar mi tiempo de mejor manera), ni el aspecto de solo varones (después de todo, estaba en una edad en la que estaba experimentando un creciente interés por las chicas) ni el hecho de estar en un internado, esos aspectos de la escuela se revelaban completamente y abiertamente. Lo que me molesta son los castigos corporales y otras humillaciones que infligían los adultos a cargo, ya que no sólo eran excesivos, sino que además se ocultaban a los padres mediante la censura del correo saliente. Describo la mayoría de estos castigos en el capítulo 24, "Castigos".

Fue en 1989 (casualmente, el año en que Linton Hall pasó de ser un internado militar sólo para varones a una escuela mixta no militar de día) cuando la legislatura de Virginia aprobó una ley, la Sección 22.1-279.1 del Código de Virginia, que prohibía los castigos corporales en las escuelas públicas. Aunque la ley no se aplicaba a las escuelas privadas, la situación estaba cambiando y los castigos corporales, los que muchos ex-alumnos conocían muy bien, parecían tener una base legal inestable.

Nueve años después, en 1998, la Sección 22 40-705-30 del Código de Virginia proporcionó una definición de abuso y negligencia que creo que abarcaría muchos de los castigos que se practicaban en Linton Hall a fines de la década de 1960. Estos incluirían cualquier lesión física resultante del castigo corporal (como palizas con una tabla de madera) paleta o cinturón de cuero, o ser obligado a masticar una pastilla de jabón), así como el abuso mental de humillar públicamente a niños más pequeños que accidentalmente habían orinado en la cama durante la noche, obligándolos a usar su propio pijama empapado en orina atado alrededor de su cuello todo el día.

Irónicamente, en 2013, quince años después de que se aprobara la segunda de estas leyes, el Senado de Virginia aprobó la Resolución N.° 31, que elogiaba a las hermanas Benedictinas de Virginia en su 90° aniversario.

Por todo lo que he escuchado (obviamente, mi experiencia de primera mano en la Linton Hall Military School terminó cuando me gradué), la Linton Hall School actual ha mejorado enormemente a lo largo de las décadas.

No se me ocurre ninguna manera sustancial en la que sugeriría que se podría mejorar. Lo único que es lamentable es que para lograrlo se necesiten cambios en la ley, en lugar de que las hermanas benedictinas hubieran decidido por su propia cuenta de comportarse correctamente.

7
La tradición benedictina de Linton Hall: la chocante verdad

En Internet, la escuela Linton Hall se describe a sí misma como "una escuela católica de tradición benedictina". ¿Qué es realmente esta tradición benedictina? Dudo que la mayoría de la gente lo sepa realmente; y creo que es probable que la mayoría se sorprenda al saber la verdad.

Benedictino se refiere a Benito de Nursia (480-547 A.D.), que fundó una docena de monasterios cerca de Roma. Fue proclamado santo en 1220 y la Órden de San Benito recibió su nombre en su 'honor.'

¿Cuáles eran exactamente las creencias, preceptos y valores de Benito? (O Benedicto; ambas formas son correctas.) Se encuentran en la Regla de San Benito,[19] que escribió para regir el comportamiento en los monasterios que fundó. Aunque el original fue destruido por un incendio en el año 896, quedan varias copias (escritas a mano), la más confiable es la que se conserva en St. Gallen, Suiza.

Benito veía la obediencia como una virtud maestra y abogaba por la aniquilación de la voluntad propia. Así es, los seres humanos a quienes Dios les ha dado libre albedrío deberían obedecer a un "superior" (Benito, por ejemplo). Los ex alumnos de la Linton Hall Military School no deberían sorprenderse de esto.

Para justificar su Regla, Benito cita selectivamente la Biblia. Esto me recuerda una cita de "El mercader de Venecia" de Shakespeare : " El diablo puede citar las Escrituras para su propósito."

En el capítulo 2 de su Regla, Benito afirma que "los orgullosos, los desobedientes y los de corazón duro deben ser castigados con látigos, incluso ante las primeras señales de pecado". Para justificar esto, cita "El necio no se corrige con palabras" (Proverbios 29:19) y "Golpea a tu hijo con vara y librarás su alma de la muerte" (Proverbios 23:14). No hace falta decir que no explica qué hace que Benito, o cualquier abad, esté calificado para azotar a otros.

El capítulo 4 contiene una larga lista de "instrumentos de buenas obras" o reglas, las primeras siete de las cuales reformulan siete

---

[19] Benito de Nursia, *The Rule of Saint Benedict,* traducido por Anthony C. Meisel y M.L. del Mastro. Nueva York: Image Books / Doubleday, 1975.

de los Diez Mandamientos. No contento con citar las palabras de Dios, Benito debe haber pensado que podría hacer un mejor trabajo repitiéndolas. Algunas de las joyas entre las reglas escritas por Benito se encuentran la nº 11, "castigar el cuerpo", la nº 12, "no amar el placer", la nº 59, "despreciar la propia voluntad" (presumiblemente esto no se aplica a Benito, ya que él cree que *su* voluntad debe ser seguida por los monjes, ya que la nº 59 dice "obedecer las órdenes del abad en todas las cosas.")

En el Capítulo 5 repite esto, diciendo "obedecer cualquier órden de un superior como si fuera una órden de Dios." Esto se relaciona con el Capítulo 7 del primer volumen de mi libro, "Obediencia ciega".

Debo señalar que en la comisión de oficial que recibí en la Linton Hall Military School, a los cadetes de menor rango se les exigía que obedecieran únicamente las órdenes legales. Este límite a la autoridad surgió también en relación con los juicios de Núremberg y el juicio por la matanza de My Lai.

Benito afirma además que "Dios no estará complacido con el monje que obedece de mala gana" (como pueden ver, Benito se ha designado a sí mismo como portavoz de Dios) e intenta justificar esta declaración citando 2 Corintios 9:7 que dice que "Dios ama al dador alegre" y que se refiere a algo completamente diferente a la posición de Benito. De hecho, 2 Corintios 9:7 dice, en su totalidad, "Cada uno debe dar según lo que haya decidido en su corazón, no de mala gana ni por obligación, porque Dios ama al dador alegre".

Los capítulos 24, 25 y 26 abogan por el rechazo* como castigo, y por el mismo rechazo a todo aquel que hable o se reúna con alguien que es objeto de rechazo.

Si el rechazo no es suficiente, el capítulo 28 aboga por el castigo con azotes, y el capítulo 30 aboga por el ayuno forzado o la flagelación de los jóvenes, es decir, aquellos que son demasiado pequeños para defenderse de un adulto.

El capítulo 33 habla del "vicio de la propiedad privada" y afirma que nadie debe dar, recibir o conservar nada, ni siquiera un libro, una tablilla o un bolígrafo, y que "todas las cosas deben ser comunes a todos", utilizando como justificación de su posición el hecho de que los Apóstoles compartían cosas. Parece que hay un gran trecho entre el compartir voluntario y la abolición involuntaria de la propiedad privada. Añade que "los monjes no tienen ni libre albedrío ni cuerpo libre". ¿Puede haber algo más autocrático que eso? ¿Y se puede ir más lejos de 2 Corintios 9:7 citado arriba, que se refiere a la donación voluntaria y va en contra tanto de la compulsión como de la afirmación de Benito de que los monjes no tienen libre albedrío?

Benito no era un gran partidario de la higiene personal. En el

---

* Nota del traductor: La palabra original en inglés es *shunning,* que significa aislar a una persona socialmente como si no existiera, incluso prohibir que nadie le hable o la escuche.

capítulo 36 afirma que "a los enfermos se les debe permitir bañarse tan a menudo como sea necesario, pero los sanos y especialmente todos los jóvenes deben bañarse raramente." Bueno, supongo que bañarse raramente hace que el voto de castidad sea fácil de seguir.

Aunque según Benito "los monjes no tienen ni libre albedrío ni cuerpo libre" (en el capítulo 33, citado arriba), Benito dice que "si uno comete un error al cantar un salmo … debe humillarse inmediatamente … los niños tienen que ser latigados por cometer estos errores." (Capítulo 45.)

El capítulo 45 prohibe recibir o enviar cartas o paquetes, aún de sus padres, sin el permiso del abad, y si se reciben paquetes, el abad puede dárselos a quien él decida. Los ex alumnos de la Linton Hall Military School seguramente recordarán la censura de las cartas salientes (y, con menos frecuencia) entrantes, incluso entre los cadetes y sus padres.

El capítulo 69 aboga por el castigo para aquellos que buscan defender o proteger a otro. En otras palabras, la virtud de la compasión es una ofensa punible.

En el capítulo 63, Benito afirma que "el abad, sin embargo, ya que toma el lugar de Cristo, será llamado Abad o Mi Señor."

Creo que Benito era bastante diferente de Jesucristo (Jesús ofreció misericordia y perdón) y Benito era autocrático, moralista y arrogante, y no merece ser llamado santo.

Este habría sido un informe de libro interesante para la clase de Religión cuando asistí a Linton Hall, ¿no te parece?

8
Sister Mary David, OSB, contesta

Asistí a la Linton Hall Military School mientras Sister Mary David era directriz. Muchos años después, volvió a utilizar su nombre de nacimiento y pasó a ser conocida como Sister Doris Nolte, OSB.

Creo que, como directriz, ella fue en última instancia responsable tanto de los aspectos buenos como de los malos de LHMS.
En 2018, cuando me enteré de que ella todavía estaba en el convento de Bristow, donde participaba en proyectos que incluían alfabetización de adultos y capacitación de cuidadores, le escribí un correo electrónico pidiéndole que ella pidiera disculpa. Escribí:

"Sister Doris Nolte,
asistí a Linton Hall mientras usted era directriz.
Linton Hall era buena académicamente, al igual que las caminatas de campo y los campamentos.
Sin embargo, los castigos eran crueles y excesivos, incluidos..."

(Sigue un largo resumen de los castigos en Linton Hall).

" Ahora la verdad ha salido a la luz, compartida y corroborada por muchos ex-alumnos de LHMS, gracias al Internet.
No deseo que lo que nos hizo a nosotros se le haga a usted, ya que desearlo me rebajaría a su nivel.
Pero creo que pedir disculpa públicamente y sinceramente de su parte a los cientos de cadetes que asistieron a Linton Hall mientras usted era directriz es lo mínimo que puede hacer, y es algo que debería haber hecho hace mucho tiempo.
Si decide contestar, publicaré su respuesta en Internet para que todos la

vean. Si no hay respuesta en quince días, informaré de ello y su silencio hablará más fuerte que las palabras.
Atentamente,
Un ex-alumno de Linton Hall
(No importa quién soy yo. Soy una de los cientos de personas que sufrieron en Linton Hall).

Esta fue su respuesta:

"Lamento mucho que estas cosas hayan sucedido mientras estabas en Linton Hall. No estoy al tanto de todas las cosas de las que hablaste, pero estoy segura de que fueron traumáticas para algunos de los cadetes. Perdónanos a todos por las cosas desagradables que experimentaste mientras eras estudiante con nosotros. No quisimos hacer daño, pero intentamos, lo mejor que pudimos, hacer de Linton Hall un entorno seguro y solidario. Si deseas hablar más sobre esto, no dudes en visitarme en el monasterio aquí en Bristow.

Paz y bendiciones,
Sister Doris (anteriormente Sister Mary David)."

Después de mucha reflexión, respondí:

"Sister Doris,
gracias por su pronta respuesta.
Aunque no caracterizaría a LHMS como "solidaria," acepto su disculpa y la perdono. Le deseo bien.
Solo puedo hablar por mí mismo, y compartiré su respuesta con otros ex-alumnos"

Nota del traductor:
Ya que es imposible traducir exactamente de un idioma a otro, incluyo la correspondencia original en inglés:
"Sister Doris Nolte,
I attended Linton Hall while you were principal. Linton Hall was good academically, as were the field hikes and camping. However, punishments were cruel and excessive, including ..."
(A long summary of the punishments at Linton Hall follows.)
"Now the truth is out, shared and corroborated by many LHMS alumni, thanks to the Internet.
I don't wish for what you did to us to be done to you, since to wish that would take me down to your level.
But I do believe that a sincere, public apology from you to the hundreds of cadets who attended Linton Hall while you were principal is the least you can do, and is long overdue.
If you decide to reply, I will publish your response on the internet for all to see. If there's no reply within fifteen days, I will report that fact, and your silence will speak louder than words.
Sincerely, A Linton Hall Alumnus
(It doesn't matter who I am. I am one of hundreds who suffered at Linton Hall.)"
Here is her reply:
"I'm very sorry these things happened while you were at Linton Hall. I'm not aware of all the things you spoke of, but I'm sure they were traumatic to some of the cadets. Forgive us all for the unpleasant things you experienced while a student with us. We meant no harm, but we tried, to the best of our ability, to make Linton Hall a safe and caring environment. If you wish to discuss this further feel free to visit me at the monastery here in Bristow.
Peace and blessings,
Sister Doris (formerly Sister Mary David)"
After much reflection, I replied:
"Sister Doris,
Thank you for your prompt reply. Although I would not characterize LHMS as "caring," I accept your apology and forgive you. I wish you well. I can speak only for myself, and will share your reply with other alumni."

9
Maxime DuCharme, el cuarto y último comandante de Linton Hall

Maxime "Max" Louis DuCharme, Jr., que fue el cuarto y último comandante de la Linton Hall Military School, falleció el 8 de junio de 2018 a las "22:23 hora militar" (según el certificado de defunción) en el Bozeman Deaconess Hospital en Bozeman, Montana, debido a un bloqueo cardíaco completo dos días antes de su muerte. Tenía noventa años. Los servicios funerarios se llevaron a cabo a las 11 a.m. del 21 de junio en el cementerio Sunset Hills en Bozeman, Montana. El señor DuCharme fue cremado.[20]

Nacido el 17 de diciembre de 1927 en Washington, DC, fue alumno de Linton Hall, y asistió durante séptimo y octavo grado. En 1946, se graduó de Belmont Abbey, una escuela secundaria fundada por monjes benedictinos en Belmont, Carolina del Norte. El anuario de 1946 de Belmont Abbey, The Spire, debajo de su nombre lleva la cita "El centro de atención de las miradas vecinas", una cita de "L'Allegro" de John Milton de 1645. Se lo describe en el anuario como "Un tipo despreocupado, apuesto, juega al fútbol y ama una buena sesión de platicar. Su amabilidad efervescente y su manera caballerosa [le] han ganado muchos amigos durante sus últimos cuatro años en la Abadía. Es un teniente cadete."

A los 18 años, después de graduarse de la escuela secundaria, se alistó en los Marines de los EE. UU. y se entrenó en Parris Island, Carolina del Sur y Camp LeJeune, Carolina del Norte. Como marine, fue enviado a Trinidad, Cuba, Puerto Rico y varios países europeos, y más tarde participó en el desembarco de 1950 en Inchon, Corea. Más tarde fue jefe de operaciones de la sección de ingeniería de la rama de equipo, y realizó un período de servicio en la isla japonesa de Okinawa. Se casó y tuvo un hijo, luego en 1959 se convirtió en reclutador de marines en

---

[20] Fuente: Bozeman Daily Chronicle y varias otras fuentes.

Traverse City, Michigan. Se retiró del Cuerpo de Marines de los EE. UU. con el rango de sargento mayor. Un tirador competente, fue galardonado con al menos dos medallas de la NRA.

Al parecer tenía dos parientes, posiblemente tías, que eran benedictinas, ya que hay dos monjas con el apellido Ducharme enterradas en el cementerio de Linton Hall (ver Apéndice A).

En 1965 se convirtió en el cuarto y último comandante de Linton Hall. Después de que la escuela abandonara el programa militar, continuó en Linton Hall enseñando "Educación al aire libre, conservación y ecología" (OECW), que aparentemente es bastante similar a las caminatas de campo de LHMS.

Su esposa, Agnes Louise, falleció en 2011 a los 80 años.

Abajo: Tarjeta de inscripción a la conscripción de Maxime DuCharme

10
Uniforme de gala de LHMS, con fotografías

El uniforme de gala se usaba en ocasiones especiales, más a menudo cuando volvíamos a casa para el fin de semana, pero también cuando regresábamos del fin de semana, ya que se usaba para el desfile de retiro, que ocurría justo después de que nuestros padres nos dejaban y que sería la última vez que nosotros y nuestros padres nos veríamos hasta la siguiente visita a casa, que normalmente ocurría cada dos semanas.

    El uniforme también se usó en las pocas excursiones que hicimos, en los desfiles, así como en el Día Militar, aunque para el Día Militar el uniforme fue ligeramente modificado al sustituir los pantalones de lana del uniforme por pantalones de algodón blanco, llamados *white ducks* (patos blancos.) Además, en el Día Militar los oficiales comisionados usaban un *shako,* un sombrero militar cilíndrico con un juego de plumas blancas. Este sombrero nos hacía parecer más altos y sobresalir más del resto. Ese sombrero no nos pertenecía, sino que nos lo prestaron para la ocasión, para ser devuelto y reutilizado en el siguiente Día Militar.

    El uniforme de gala estaba hecho de 100% lana y el forro parcial era 100% algodón, y estaba hecho a medida, a diferencia de los uniformes que usábamos a diario, que siempre eran demasiado grandes y no nos quedaban bien.

    Porque para muchos, o quizás para la mayoría de nosotros, la primera parada después de salir de Linton Hall era parar en un local de comida rápida en la Ruta 29, justo después de salir de Linton Hall Road y antes de entrar en la Ruta 66, el uniforme estaba expuesto a mancharse. Como no había tiempo para llevar el uniforme a la tintorería durante el fin de semana, solo se podía limpiar durante las vacaciones de Navidad, Semana Santa o verano. Una limpieza adecuada habría implicado quitar todos los botones y parches y volver a coserlos, y el sombrero habría tenido que limpiarse a mano, ya que tenía una visera de plástico. No recuerdo si mi uniforme de gala se había limpiado alguna vez, pero dudo que lo haya hecho, y me imagino que así fue para muchos otros.

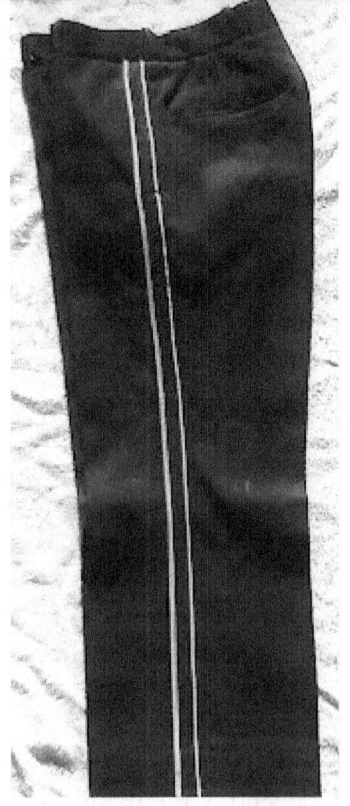

Debo admitir que me gustaba usar ese uniforme, pero solo dentro de los muros de Linton Hall y en el campo de desfiles. Tan pronto como salimos de la entrada de Linton Hall y giramos a la derecha en Linton Hall Road, odié usar ese uniforme, porque me hacía sentir como si todavía estuviera allí. Mi madre pensaba diferente, y eso es quedarse corto. Me obligó a llevar ese uniforme en una reunión navideña con familiares, en una boda y, lo peor de todo, en un funeral. En todos esos entornos, llevar el uniforme de la LHMS era tan inapropiado como llevar un uniforme de fútbol o vestirse como un vaquero, un indio o un pirata. Esto es especialmente cierto en un funeral, donde habría sido extremadamente irrespetuoso llamar la atención sobre mí cuando todos los demás iban vestidos de negro. Gracias a Dios, mi madre se perdió conduciendo hacia el funeral y nunca llegamos.

No sé si Dios interviene en los asuntos humanos, pero si no lo hace, fue una suerte. No me dijeron para quién era el funeral, solo que era para una niña pequeña, pero muchos años después me enteré de que la hermanita más jóven de una niña que conocía de la escuela a la que asistí antes de Linton Hall había muerto aproximadamente al mismo tiempo, por lo que el funeral bien podría haber sido para ella.

Para un adulto uniformado que estaba en el ejército hubiera sido apropiado, pero para mí haber estado allí con mi disfraz (no uniforme) para llamar la atención a mí mismo hubiera sido una bofetada en la cara.

Insignia del sombrero

Cuello y solapa

11
Coronel Marlin S. Reichley, el tercer comandante de Linton Hall

El tercer comandante de Linton Hall fue Marlin Sherwood Reichley, quien ocupó el cargo durante un plazo de casi treinta años.

Nació en Ohio el 2 de febrero de 1915, creció en Sunbury, Pensilvania, y obtuvo los títulos de licenciatura, maestría y doctorado de la Universidad de Georgetown en Washington, D.C., y más tarde fue miembro de la Junta de la universidad. Sirvió en el Ejército de los EE. UU. durante la Segunda Guerra Mundial y la Guerra de Corea, y trabajó durante aproximadamente treinta años en el Colegio Industrial de las Fuerzas Armadas en Ft. McNair, del que se jubiló en 1975 como Decano Académico.

Desde 1938 hasta mediados de la década de 1960, fue comandante de la Linton Hall Military School.

El coronel Reichley murió el 17 de febrero de 1999, unos días después de cumplir 84 años, en el Powhatan Nursing Home en Falls Church, Virginia, a causa de una neumonía, tras haber residido en el asilo durante aproximadamente dos años. En el momento de su muerte era miembro de la Resurrection Lutheran Church en Arlington, Virginia. Está enterrado en el Arlington National Cemetery, Sección 66, Sitio 7399.

12
Las diferencias entre los oficiales de Linton Hall

" Todos los animales son iguales, pero algunos son más iguales que otros".
— Animal Farm *de George Orwell, un libro que leímos en la clase de inglés de octavo grado en Linton Hall.*

No todos los oficiales eran iguales. La diferencia no existía solamente en el rango, sino también en la posición, es decir, el papel que desempeñaba el oficial.

He mencionado el caso nada inusual de un oficial que es degradado a soldado raso, mientras mantiene su posición como líder de pelotón o comandante de compañía, en el Capítulo 24 de mi libro anterior ("Ser degradado: el rito de paso del oficial"). Por otro lado, oficiales del mismo rango pueden ocupar puestos de responsabilidad, desafío y prestigio muy diferentes.

El líder más importante era el comandante del batallón, que normalmente alcanzaba el rango de mayor. Superado sólo por el comandante en poder y autoridad, era de lealtad, obediencia y cumplimiento incuestionables de las reglas de Linton Hall. Su posición hacía que fuera temido por todos, incluso sus compañeros que eran también oficiales, y esto era un arma de doble filo, ya que también tenía el efecto de aislarlo socialmente de los demás. Si bien no era raro que un segundo teniente fuera amigo de un capitán, era difícil que alguien bajara la guardia cerca del comandante del batallón, por miedo de cometer accidentalmente alguna infracción o decir algo negativo sobre Linton Hall.

Como él, su ayudante y el sargento mayor del batallón no pertenecían a ninguna compañía, acababan durmiendo en el dormitorio de una de las compañías. Un año tuve la oportunidad de tenerlo en mi dormitorio, así que pude observarlo mucho, preferiblemente desde una distancia segura, ya que él no le daba ningún respiro a nadie.

No estoy calificado para generalizar sobre los comandantes de batallón, ya que solo había uno por año, pero creo que puedo decir con seguridad que eran los líderes más leales y más calificados; lo digo como alguien que ni siquiera era un candidato potencial para ese puesto. Otro factor a considerar fue la altura física, que se debía principalmente a la edad del comandante del batallón, ya que era aproximadamente dos años mayor que el típico estudiante de octavo grado, y tenía la ventaja de un tamaño físico intimidante que trabajaba a su favor.

El segundo al mando del comandante del batallón era su ayudante. Puedo comparar mejor su posición con la del vicepresidente de los Estados Unidos. Aunque era un puesto prestigioso, el ayudante tenía un papel muy limitado. Solo asumía las funciones del comandante del batallón en raras ocasiones, como cuando el comandante del batallón estaba en cama enfermo por gripe. Aparte de informar sobre el recuento de cadetes, lo que implicaba sumar los números informados por cada uno de los comandantes de compañía, el ayudante no hacía mucho. No me malinterpreten, creo que los ayudantes estaban plenamente calificados para asumir el cargo de comandantes de batallón, es solo que la ocasión rara vez se presentaba y, dada la extrema lealtad y meticulosidad de los comandantes de batallón, el ayudante no tenía ninguna posibilidad razonable de ocupar el puesto del comandante del batallón, aunque normalmente alcanzaba el rango de capitán.

El ayudante durmió en el mismo dormitorio en el que yo estuve durante un año (no el mismo año que el comandante del batallón) y era un holgazán que se dejaba llevar por la corriente, seguía las reglas, pero no mostraba mucha motivación ni ambición. Eso es comprensible, ya que tenía poco que hacer y ninguna perspectiva de ascenso. Por citar un ejemplo, era costumbre rotar la responsabilidad de dirigir el dormitorio en las actividades matinales de vestirse, lavarse y hacer la cama entre el comandante de la compañía, los dos líderes de pelotón y, finalmente, el sargento de la compañía. Al ayudante también se le dio esta oportunidad como cortesía, que él rechazó.

El batallón también tenía un sargento mayor, un estudiante de séptimo grado que, según se entendía tácitamente, sería el comandante del batallón al año siguiente. Creo que la mayoría estaría de acuerdo conmigo en que el puesto de ayudante implicaba menos liderazgo y, por lo tanto, era menos deseable que el de líder de compañía o de pelotón.

Algunos años había un oficial adicional en el estado mayor del batallón, un oficial de suministros, cuya responsabilidad era dirigir el arsenal, donde se guardaban los rifles de instrucción y el equipo de acampada y senderismo. Como este puesto se ocupaba del equipo y no de las personas, exigía poca o ninguna capacidad de liderazgo y parece que se otorgaba como recompensa a alguien que se esforzaba mucho, seguía todas las reglas, incluso podía haber sido excepcional en la instrucción, pero simplemente carecía de capacidad de liderazgo.

Cuando estuve en Linton Hall había cinco compañías: dos compañías menores, A y B, dos compañías mayores, C y D, y el Cuerpo de Tambores y Cornetas, (Drum & Bugle Corps en inglés) a veces también conocido como Compañía E, y que se consideraba una compañía mayor. Cada compañía tenía tres oficiales: un comandante de compañía y los líderes del primer y segundo pelotón.

Las dos compañías menores tenían cadetes más jóvenes, aquellos que estaban en segundo, cuarto o quinto grado, y las otras compañías tenían cadetes mayores, generalmente en quinto a octavo grado. Esta era una regla general; aquellos en el medio, especialmente los de quinto grado, podían terminar en una compañía menor o mayor en función de su edad o rango; por ejemplo, un estudiante de quinto o sexto grado podía terminar como líder de escuadrón en una compañía menor, o un estudiante de cuarto grado que había repetido el cuarto grado podía terminar en una compañía mayor debido a su edad. Los oficiales, sin embargo, siempre eran estudiantes de octavo grado, y los sargentos típicamente de séptimo grado, tanto en compañías menores como mayores. Algunos de los sargentos eran estudiantes de octavo grado.

Una cuestión muy debatida, que cuenta con buenos argumentos de ambas partes, es si era más difícil, y por lo tanto más prestigioso, ser oficial en una compañía menor o mayor. Por un lado, puede parecer más fácil ser oficial en una compañía menor, ya que la gran ventaja de la edad y el tamaño hacía que un oficial resultara más intimidante para los cadetes más jóvenes, aunque a los oficiales no se les permitiera utilizar castigos corporales. (Aparte, estoy de acuerdo en que habría estado mal que un oficial de 13 años golpeara a un niño más pequeño. Sin embargo, ¿por qué se permitía que un hombre o una mujer de más de 40 años golpeara repetidamente a un niño con una paleta de madera o una correa de cuero?)

Por otra parte, aunque los cadetes mayores tenían muchas menos probabilidades de sentirse intimidados por el tamaño de un oficial, eran más capaces de comprender las consecuencias de los deméritos y dl consejo de guerra.

En cuanto a los ejercicios, era más difícil lidiar con cadetes más jóvenes, que aún no habían desarrollado las habilidades motoras o la capacidad de comprender los detalles de las distintas órdenes. Esto me quedó muy claro una vez cuando supervisaba la hora de estudio de tercer grado (los oficiales rotaban entre los diferentes grados, por lo que cada uno de nosotros tenía la oportunidad de supervisar a los cadetes de los distintos grados). Había un alumno de tercer grado que, aunque hacía todo lo posible, confundía la derecha con la izquierda. Me di cuenta de que tenía buenas intenciones y traté de explicarle la diferencia entre la derecha y la izquierda sin gritarle, pero no tuve éxito.

No tuve experiencia personal con el Cuerpo de Tambores y Cornetas, pero creo que era la compañía más difícil de dirigir, o, en realidad, de pertenecer a ella, ya que los que la integraban tenían que dedicar tiempo a practicar sus instrumentos, además de hacer ejercicios de instrucción. Alguien que había estado en el Cuerpo de Tambores y Cornetas sostiene que tener un determinado rango en ese Cuerpo era equivalente a tener un rango un nivel superior en otra compañía; por ejemplo, un soldado de primera clase en ese Cuerpo sería el equivalente a ser cabo en otra compañía, pero no estoy de acuerdo.

Los comandantes de compañía generalmente ascendían al rango de capitán, aunque algunos se graduaban con el rango de primer teniente, a veces sin haber sido promovidos a capitán, pero más a menudo habiendo alcanzado previamente el rango de capitán pero habiendo sido degradados de un nivel por razones disciplinarias.

Cada compañía estaba formada por dos pelotones. Ni el comandante ni el sargento de la compañía pertenecían a ninguno de los dos pelotones.

Los pelotones se llamaban Primer y Segundo Pelotón, pero a pesar de que el nombre implica que el Primero era mejor o más prestigioso, creo que la mayoría estará de acuerdo conmigo en que el líder del Segundo Pelotón tenía un trabajo más desafiante en el ejercicio de instrucción. Ya que el Primer Pelotón marchaba delante del segundo, al líder del Segundo Pelotón le resultaba más difícil escuchar y repetir las órdenes del Comandante de la Compañía, y tenía que encontrar el momento justo para decir la segunda parte de la orden, como en "¡Marcha... en reversa!". Además, en el caso específico de "¡Marcha... en reversa!", tan pronto como se daba la órden, el Comandante de la Compañía terminaba en la parte de atrás del pelotón que marchaba, con el líder del Segundo Pelotón liderando la compañía hasta que el Comandante de la Compañía pudiera abrirse paso hacia lo que ahora era el frente de la compañía. Fuera del ejercicio de instrucción, la responsabilidad y el desafío de liderar el primer o segundo pelotón eran los mismos. El comandante había mencionado una vez que hacía todo lo posible por equilibrar la distribución de los cadetes que tenían problemas de disciplina o que eran especialmente buenos o malos en los ejercicios, tanto entre los dos pelotones dentro de una compañía como entre las dos compañías menores y las tres mayores. En su oficina el comandante tenía un estante de pared con una tarjeta para cada cadete, dispuesta de modo que se indicara quién pertenecía a qué pelotón y compañía, y qué rango y posición tenía. El comandante mencionó que muchas veces había tomado una fotografía instantánea con una cámara Polaroid para estudiar la composición del Cuerpo de Cadetes en su casa por la noche (ese era el estado de la tecnología disponible en ese momento). Merece elogio por eso.

Algunos líderes de pelotón habían ascendido a primer teniente al final del año; otros no habían sido promovidos a ese rango, o habían sido promovidos y luego degradados, y se graduaron como segundos tenientes. Algunos que habían sido degradados a soldados rasos y no habían recuperado su rango aún conservaban su posición, a menudo porque no habría sido justo para aquellos bajo su mando que se les asignara un nuevo oficial poco antes de las competencias de instrucción del Día Militar; terminaron siendo incluidos en el programa del Día Militar como "Líder de pelotón... John Doe... Líder del primer pelotón" en vez del típico "Primer teniente... John Doe... Líder del primer pelotón." Lo que puede haber parecido un error en el programa para muchos padres e invitados fue dolorosamente claro para los que sabían la verdad. No repetiré mi descripción de las insignias de los oficiales, ya que he tratado el tema en el primer volumen.

En cierta ocasión le preguntaron al comandante por qué la insignia era diferente a la que se usa en el ejército de los Estados Unidos. Su explicación (estoy parafraseando) fue que era "porque si estás sentado en un centro comercial y un militar que acaba de regresar de Vietnam te ve con la insignia de oficial, tiene que saludarte". Cuando alguien dijo que obviamente podía ver que éramos niños y no verdaderos oficiales, dijo que no importaba; si ve la insignia, está obligado a saludarte.

Más que otros capítulos, este refleja mis pensamientos sobre el tema. Otros estarán en desacuerdo con algunas de mis opiniones sobre la responsabilidad y la conveniencia de los distintos puestos.

13
Sister Mary David, OSB

Sister Mary David, quien durante muchos años (al menos de 1965 a 1973, posiblemente más) fue la directriz de la Linton Hall Military School, falleció el 21 de mayo de 2023. Tenía 93 años.

Nacida como Doris Carolyn Nolte el 27 de octubre de 1929 en Henrico, Virginia, en las afueras de Richmond, fue una de siete hijos: cuatro varones y tres mujeres. Sus abuelos paternos nacieron en Alemania; sus abuelos maternos y sus padres nacieron en Virginia, según los registros del censo de Estados Unidos. Su hermano mayor, William J. Nolte, Jr., se hizo sacerdote católico; falleció en el 2002.

Doris Nolte ingresó al convento de las hermanas benedictinas después de graduarse de la escuela secundaria St. Gertrude en Richmond, Virginia, y profesó sus votos en 1949, tomando el nombre religioso de Sister Mary David, presumiblemente elegido entre los nombres de dos de sus hermanos.

Se graduó de St. Joseph's College en Emmitsburg, Maryland y de St. John's University en Collegeville, Minnesota.

Durante varios años fue directriz de la Linton Hall Military School en Bristow, Virginia, donde también enseñó matemática y ciencia, y también ha enseñado en otras escuelas de Virginia. Posteriormente se licenció en enfermería y se especializó en atención a ancianos y cuidados paliativos. En los últimos años también participó en el programa de alfabetización de adultos BEACON.

Reanudó el uso de su nombre de nacimiento, siendo conocida en años posteriores como Sister Doris Nolte, OSB.

14
Vídeos de LHMS en youtube.com

Los siguientes son videos de Linton Hall Military School que se encuentran en youtube.com.

La mayoría de los vídeos se filmaron originalmente con cámaras de película de 8 mm o Super 8 y se transfirieron a vídeo. La calidad no es tan buena como lo sería con la tecnología actual, pero tenemos la suerte de que estos vídeos se hayan realizado, preservado y luego compartido para que los podamos ver. Estoy muy agradecido a todos los que los compartieron.

He incluido URL acortadas, tiny.cc/LHMSvid1 a tiny.cc/LHMSvid14 para que te sea más fácil escribir en el cuadro de búsqueda de tu navegador.

https://www.youtube.com/shorts/yMo1koTD598
tiny.cc/LHMSvid1
Panorámica de 360 grados desde el frente del edificio de la escuela, asfalto, convento, árboles, de regreso al edificio. Alrededor de 2012. Sonido de fondo extraño de viento, autos que pasan. Por rwvirginia.

https://www.youtube.com/watch?v=e2l1_jOgpzs
tiny.cc/LHMSvid2
Panorámica de la parte trasera del edificio, asfalto, cortavientos, cantina. Finales de la década de 1970. Algunos comentarios de audio (sube el volúmen).
Por Vince Wilding

https://www.youtube.com/watch?v=UTvnDETHO1E
tiny.cc/LHMSvid3
El primer minuto muestra la tumba de JFK en el Cementerio Nacional de Arlington. LHMS 1967-1970 comienza a la 1:10. Luego hay una marcha en Linton Hall con cadetes que visten suéteres y oficiales que usan cascos. El Día Militar comienza a las 3:15 e incluye un video de la misa al aire libre. Aparentemente se muestra más de un Día Militar. Música variada. Por KarnEvil4

https://www.youtube.com/watch?v=IkHqC7nxPKE
tiny.cc/LHMSvid4
Día Militar, 31 de mayo de 1981. Se parece mucho al Día Militar de una década antes. Música militar al principio, sonidos de fondo de visitantes hablando. Por Javier Regalado.

https://www.youtube.com/watch?v=UXWyiXQ8tE4
tiny.cc/LHMSvid5
La escuela Linton Hall en Bristow, Virginia, como se ve hoy (ca. 2021) con algunos edificios como los recuerdo, otras características nuevas como el jardín de enseñanza. El video fue tomado desde una bicicleta, Linton Hall comienza en 3:16. Las vistas aéreas con drones comienzan en 6:43 con edificios agrícolas abandonados y descuidados y expansión suburbana cerca de Linton Hall. A las 8:43, el ciclista abandona Linton Hall. La mayor parte del video se ha acelerado; tendrás que seguir haciendo clic en el botón de pausa. El audio es música de fondo.
Por Christopher Brown.

Los siguientes fueron subidos por Marianne Carney y fueron tomados en 1975-1976. El Día Militar y la graduación no habían cambiado mucho desde fines de la década de 1960 cuando asistí, por lo que estos videos serán de interés para muchos ex-alumnos de LHMS de años anteriores.

https://www.youtube.com/watch?v=2E5wOkcdO_o
tiny.cc/LHMSvid6
Día Militar sobre el asfalto, que sucedió cuando el campo de desfile había sido empapado por la lluvia. Dormitorio con camas desordenadas y miembros de la familia el último día del año escolar. Desfile afuera de LHMS (ubicación desconocida). Sin audio. Mayo de 1975.
Por Marianne Carney

https://www.youtube.com/watch?v=Iaz4-yUnKRs
tiny.cc/LHMSvid7
25 de mayo de 1975 Misa del Día Militar en el interior del gimnasio; marcha del Día Militar. Sin audio. Por Marianne Carney. Cuerpo de tambores y cornetas en un desfile en Culpeper, Virginia, mayo de 1975. Sin audio. Por Marianne Carney

https://www.youtube.com/watch?v=siWqILoJj08
tiny.cc/LHMSvid9
Desfile del Cuerpo de Tambores y Cornetas de mayo de 1975 en Manassas, Virginia. Sin audio.
Por Marianne Carney.

https://www.youtube.com/watch?v=iuV61_uVH8U
tiny.cc/LHMSvid10
Abril de 1975. Cuerpo de tambores y cornetas,, aparentemente incluye imágenes del Military Day. Video casero después de 2:34. Sin audio.
Por Marianne Carney.

https://www.youtube.com/watch?v=Xn3BQugSvwg
tiny.cc/LHMSvid11
Abril de 1975. LHMS comienza en 0:23 después del video casero. Sin audio.
Por Marianne Carney.

https://www.youtube.com/watch?v=icv6tTEVCN8
tiny.cc/LHMSvid12
Entrega de premios del Día Militar, mayo de 1975. Sin audio.
Por Marianne Carney.

https://www.youtube.com/watch?v=DoMnt4eM5u4
tiny.cc/LHMSvid13
1 de junio de 1975 Graduación en el gimnasio de Linton Hall; buenos primeros planos de la clase que se gradúa posando afuera del edificio a partir del minuto 1:55.
Sin audio. Por Marianne Carney.

https://www.youtube.com/watch?v=h5xe1bAa244
tiny.cc/LHMSvid14
30 de mayo de 1976 Día Militar. Sin audio. Por Marianne Carney

15
Military Day, 1948

El decimoséptimo Día Militar de Linton Hall tuvo lugar el 23 de mayo de 1948. Los celebrantes de la misa fueron:
    Padre Charles O'Laughlin, OSB — Celebrante
    Padre Vincent Sheppard, OSB — Diácono
    Padre Gregory Stevens, OSB — Subdiácono
    Padre Vito F. Cannizzo, CPS — Maestro de ceremonias
    Padre Bernard Patterson, OSB — Predicó el sermón

El comandante era el teniente Marlin S. Reichley

Los oficiales cadetes eran:
        Teniente coronel James Craddock — Comandante del batallón
        Mayor James Welch — Ayudante
Compañía A
        John Kirchmier — Capitán
        Arthur Pettipas — Primer Teniente
        Jes Quisenberry — Segundo Teniente
Compañía B
        Tommy Follin — Capitán
        Robert Rasmussen — Primer Teniente
        Edward Barnette — Segundo teniente
Compañía C
        Milton Speroni — Capitán
        Jack McDonald — Primer teniente
        Patrick Cinnamond — Segundo teniente
Compañía D
        José Aranda — Capitán
        Ray Morales — Primer Teniente
        Bill Balser — Segundo teniente
Compañía E
        Jack Joyce — Capitán
        Michael Fox — Primer Teniente
        Earl Froman — Segundo teniente
Cuerpo de tambores y cornetas
        Jerry Frazier — Capitán

16
Discurso de Militar Day, 1950

A continuación se incluye una transcripción del discurso del Padre Walter W. Herbert, de la iglesia de Saint Mary en Alexandria, Virginia, en el decimonoveno día militar anual (1950).[21] *Un hermoso discurso, aunque ignora el hecho de que no todos los recuerdos de Linton Hall pueden haber sido agradables.*

Una escuela es como un gran árbol que crece a partir de una pequeña semilla plantada en las profundidades de la tierra. Cada año, echa hojas y, cuando están maduras, las envía en las alas del viento a todas las partes de la tierra. Y cada una de estas hojas lleva inequívocamente la marca del árbol del que procede.

Hace cincuenta y seis años, en este valle verde se plantó una semilla que ahora ha crecido y se ha convertido en una gran escuela que cada año envía a sus alumnos, cada uno de ellos con la huella de lo que ha aprendido aquí.

De este valle salen, uno a uno, para ser luces que iluminen la oscuridad de nuestros tiempos. Salen para que, mediante las enseñanzas de nuestro Señor, sean guías que lideren en un mundo en el que el liderazgo ha llegado a significar lo mismo que la fuerza.

El desafío que el mundo les lanza a ustedes, los que salen de esta escuela, no es fácil. Aquí, en el aula y en la capilla, han aprendido acerca del bondadoso Cristo y se les ha enseñado que deben obedecerlo. Pero si tratan de ser buenos, lo único que el mundo dirá es que son débiles. Aquí se les ha enseñado acerca de la bondad de Dios, y sin embargo, si creen en Dios, lo único que los hombres pueden decir de ustedes es que son anticuados. Aquí se les ha enseñado que su alma es más importante que cualquier otra cosa en el mundo, pero si valoran su respeto propio más que las opiniones de los demás, lo único que pueden decir de ustedes es que son tontos. Dijeron las mismas cosas acerca de nuestro Bendito

---

[21] *Congressional Record* del 21 de abril al 7 de junio de 1950: vol. 96, página del apéndice A4162

Señor en su época, y Él sabía que casi 2.000 años después estarían haciendo los mismos comentarios acerca de Sus seguidores. Y por eso pudo declarar desde otra montaña a los que estaban sentados en otro valle verde:

"Bienaventurados seréis cuando por mi causa os insulten y os persigan y digan toda clase de mal contra vosotros, mintiendo; porque vuestra recompensa será muy grande en el Paraíso." (Mateo 5:11-12.)

Y por eso también, en el Sacramento de la Confirmación, os envió el Espíritu Santo, para hacerlos fuertes y perfectos cristianos y soldados del Rey.

Pero cuando salgáis a luchar por Cristo, queremos que no seáis simplemente combatientes en las filas, sino líderes. Deseamos que vuestro buen ejemplo brille ante todos para que muchos se sientan movidos a acercarse a Dios por causa de vosotros. Es algo extraño, pero cierto, que un alma que da la espalda a Dios no se satisface con recorrer sola su miserable camino hacia la destrucción, sino que debe arrastrar a otros tras ella. Pero si eso es cierto, es igualmente cierto que si un alma ama a Dios no puede descansar hasta que todos a su alrededor también amen a Dios. Es por eso que los santos son tan impopulares y perturbadores para muchos en el mundo. Es por eso que se piensa que son débiles, anticuados o tontos. Ese es el desafío que tenéis que afrontar. Este es el desafío para el que os habéis estado preparando durante todos estos años en Linton Hall.

En unas pocas semanas, cuando abandonéis este lugar, os llevaréis muchos recuerdos. Recuerdos de amigos, de buenos momentos pasados, de partidos ganados, del dar y recibir de la vida escolar, que es sólo un pequeño anticipo del dar y recibir de vuestra vida fuera. A medida que pasen los años y estas cosas se vayan difuminando en vuestros recuerdos, olvidaréis gran parte de lo que ha sucedido. Pero hay una cosa sobre Linton Hall que pocos de vosotros podréis olvidar jamás, y es el sacrificio y la devoción de quienes trabajan aquí. Hace cincuenta y seis años, cuatro monjas plantaron la semilla de lo que hoy es Linton Hall. Las luchas que han tenido lugar no han sido fáciles. Ha habido días oscuros en los que todo parecía perdido, días de penurias y pobreza, pero a pesar de todo esto, Linton Hall prosperó, porque es como la casa de la Escritura: "Descendieron las lluvias y vinieron los ríos, y soplaron los vientos y dieron con ímpetu contra aquella casa; y no cayó, porque estaba fundada sobre una roca." (Mateo 7:25.)

Esas cuatro almas valientes se han convertido ahora en 84, y el puñado original de estudiantes se ha convertido en 247. Y ahora hay que añadir un nuevo salón para albergar al número cada vez mayor de los que vienen. De hecho, estas piedras deben levantarse y seguir levantándose en los años venideros como un homenaje resplandeciente a los sueños de los primeros que plantaron la semilla, y como una garantía de que todos los que han trabajado aquí no han trabajado en vano.

Que nada de lo que hagan traicione la confianza que aquellos que han sido sus maestros depositaron en vosotros a medida que avanzan. Que nada de lo que hagan borre la marca que Linton Hall coloca sobre vosotros, porque es la marca de la cruz de nuestro Señor.

Que conserven su fe, que amen a todos los hombres. Si lo hacen, entonces, en las palabras de San Pablo: "Estoy seguro de que ni la muerte ni la vida, ni ángeles ni principados ni potestades, ni lo presente ni lo futuro, ni la potencia, ni lo alto ni lo profundo, ni ninguna otra cosa creada podrá separaros del amor de Dios, manifestado en Cristo Jesús, Señor nuestro" (Romanos 8:38-39).

Abajo: Mapa topográfico, edición de 1968, tal como se utilizaba en la clase de Ciencias Militares. La Linton Hall Military School está en la parte inferior del mapa.

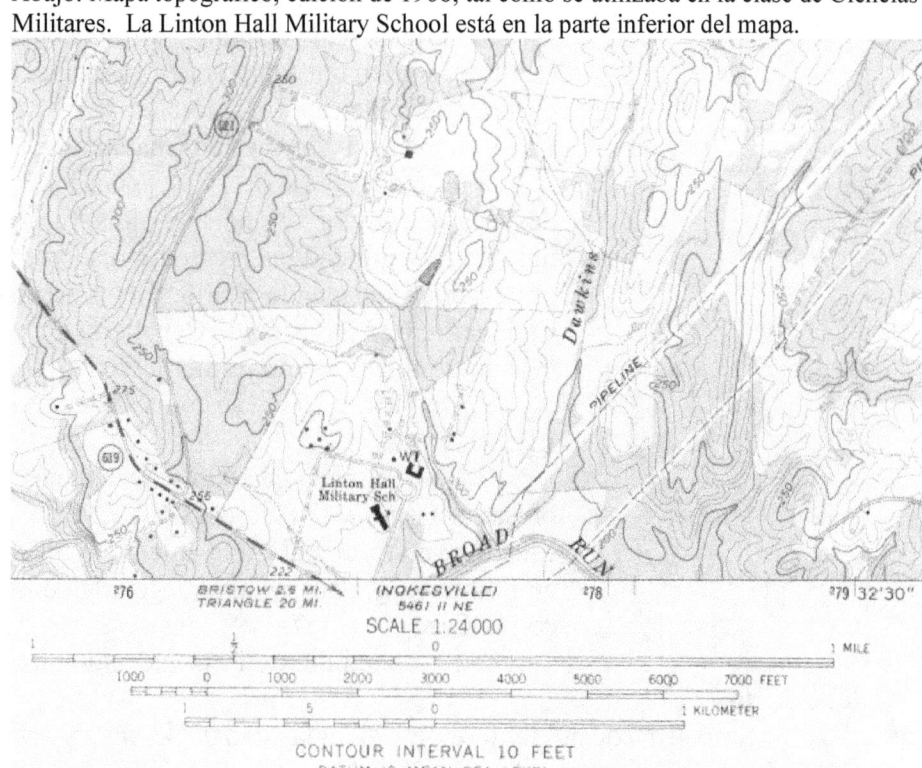

17
Teniente Lawrence Scott Carson, Jr., el segundo comandante de Linton Hall

El segundo comandante de la Linton Hall Military School, desde 1932 al 1935, fue el primer teniente Scott Carson, Jr., de la Reserva de Caballería del Ejército de los EE. UU.

Nació en Ft. Leavenworth, Kansas, el 4 de febrero de 1904.[22] Asistió a la Academia Militar Porter en Charleston, Carolina del Sur, y posteriormente se graduó en la Academia Militar de los Estados Unidos, Virginia Military Institute, con una licenciatura en Ciencias. Más tarde estudió Física e Ingeniería en la Universidad de Tennessee en Chattanooga.

El 6 de febrero de 1928, apenas dos días después de cumplir veinticuatro años, fue nombrado segundo teniente de las reservas organizadas y asignado al 306.º Regimiento de Caballería, 62.ª Division de Caballería en Washington, DC, como primer teniente.

De 1932 a 1935 fue comandante de LHMS.

El 1 de mayo de 1935 se le ordenó prestar servicio activo con el CCC en Fort Meade, y más tarde al Campamento Wolf Rock en Philipsburg, Pensilvania, luego a Damasco con la Compañía 357.

El 30 de julio de 1944 fue dado de baja del ejército.

Murió el 10 de noviembre de 1947 a la edad de 43 años y está enterrado en el Cementerio Nacional de Arlington, Sección 1, Lote 889. Se solicitó un capellán protestante para su entierro.

---

[22] *Backbone Star,* 15 de diciembre de 1935, pág. 4-5; *Washington Evening Star*

REGISTRATION CARD—(Men born on or after February 17, 1897 and on or before December 31, 1921)

SERIAL NUMBER: T 3130
1. NAME (Print): LAWRENCE Scott CARSON
ORDER NUMBER: T 11643A

2. PLACE OF RESIDENCE (Print): 3107 Homewood Ave - Balto Md.
[THE PLACE OF RESIDENCE GIVEN ON THE LINE ABOVE WILL DETERMINE LOCAL BOARD JURISDICTION; LINE 2 OF REGISTRATION CERTIFICATE WILL BE IDENTICAL]

3. MAILING ADDRESS: Same

4. TELEPHONE:
5. AGE IN YEARS: 40 — DATE OF BIRTH: Feb 4 1904
6. PLACE OF BIRTH: Fort Leavenworth, Kansas

7. NAME AND ADDRESS OF PERSON WHO WILL ALWAYS KNOW YOUR ADDRESS: Mrs Frances N. Carson - 2112 O St. N.W. Washington D.C.

8. EMPLOYER'S NAME AND ADDRESS: Md State Health Dept - 2

9. PLACE OF EMPLOYMENT OR BUSINESS: 2411 N. Charles St - Balto Md.

I AFFIRM THAT I HAVE VERIFIED ABOVE ANSWERS AND THAT THEY ARE TRUE.

Lawrence S. Carson (Registrant's signature)

D. S. S. Form 1
(Revised 1-1-42)

18
"Todo lo que hice lo estaba haciendo para Dios porque Él quería que lo hiciera."
– Sister Mary David, OSB

Apenas cuatro meses después de que me comuniqué con Sister Mary David, como escribí en el Capítulo 8, "Sister Mary David contesta," ella fue citada en el *Catholic Herald* [23] diciendo las palabras anteriores con motivo de su septuagésimo aniversario como monja.

¿Todo? ¿En serio?

No quiero descartar la posibilidad de que la hayan citado mal o de que haya dicho algo involuntariamente. Por su bien, espero que así sea, pero dada su respuesta, que cité en el capítulo 8, lo dudo.

Hizo mucho bien y también mucho mal. Como directriz, tenía el poder absoluto para lograr que Linton Hall alcanzara su máximo potencial y fuera una escuela maravillosa, pero no fue así.

---

[23] "Bishop Burbidge Celebrates Mass for Religious Sister Jubilarians" *Catholic Herald,* 2 de febrero de 2019.

19
Fotos

Las siguientes cuatro postales muestran la casa de huéspedes de Linton Hall.
El edificio fue originalmente el Convento de Saint Anne, construido en 1897.
Fue reconvertido en casa de huéspedes en 1915 y demolido en 1978.

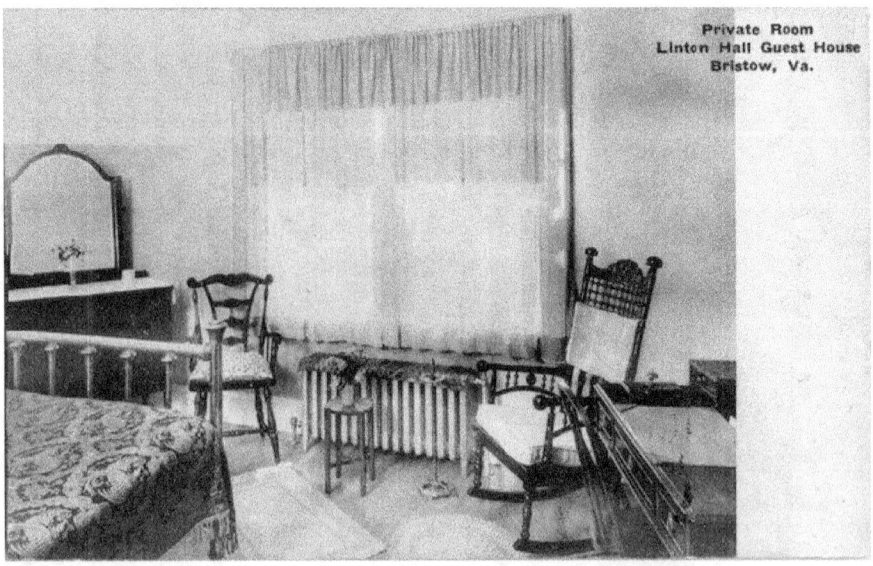

Arriba: El edificio original del LHMS

Abajo: Banda de la Linton Hall Military School, alrededor de 1941

20
Bill Farquhar, maestro de gimnasia y entrenador de deportes

William Francis Farquhar, "Bill", nació el 30 de septiembre de 1915 en Washington D.C. y fue alumno de la Linton Hall Military School. Posteriormente asistió y se graduó en la Escuela Secundaria Gonzaga en Washington, D.C.. Comenzó a enseñar y entrenar en la Linton Hall Military School en 1940.

El 12 de noviembre de 1941 se alistó en el Ejército de los Estados Unidos y sirvió durante la Segunda Guerra Mundial y fue dado de baja el 15 de mayo de 1945 con el rango de soldado raso.

Regresó a Linton Hall, donde fue entrenador y maestro de gimnasia, más recientemente con el título de Director Atlético, por el resto de su vida.

El 27 de diciembre de 1949 se casó con Margaret Virginia, y más tarde tendrían una hija.

Bill murió el 4 de enero de 2011 a la edad de 95 años.

Su esposa, Margaret Virginia Farquhar, nació el 3 de noviembre de 1910 y murió el 16 de marzo de 1979 a los 68 años. El señor y la señora Farquhar están enterrados en el cementerio de Linton Hall.

El gimnasio de la escuela Linton Hall pasó a llamarse William Farquhar Sports Center en su memoria.

21
Más sobre el ex-alumno de Linton Hall John Phillips de The Mamas and the Papas

En los capítulos 34 y 35 del primer volumen, escribí sobre lo que dijo John Phillips, ex-alumno de LHMS, de The Mamas and the Papas, sobre Linton Hall en su autobiografía, *Papa John*.[24] A continuación se presentan algunos datos interesantes.

• El padre adoptivo de John fue el capitán de la Infantería de Marina Claude Andrew Phillips. Su padre biológico fue Roland Meeks, un médico de la Infantería de Marina que murió en un campo de prisioneros de guerra japonés antes de que John naciera.

• En Linton Hall, John ascendió al menos al rango de cabo. Una foto sin fecha en su libro lo muestra con el uniforme de LHMS con galones de cabo y dos cintas.

• Su talento musical se manifestó tempranamente; fue nombrado mejor chico en los solos de trompeta de la banda escolar de Linton Hall.

• Su nombre completo era John Edmund Andrew Phillips.

• Recuerda que "los pingüinos [monjas] nos observaban mientras tomábamos la ducha y nos golpeaban… ¿quién quiere [l]ímites después de cuatro años de eso?" Posteriormente, se refiere a su salida de Linton Hall diciendo que su "sentencia había sido conmutada" y afirma que las "monjas que golpeaban con un palo … pueden haberle inculcado un odio a la autoridad y a la reglamentación".

---

[24] Phillips, John: *Papa John – An Autobiography*. Nueva York: Doubleday & Co., 1986 (tapa dura). También publicado en tapa blanda por Dell en 1987.

- A pesar de obtener malas notas en The Bullis School, un internado para varones, le concedieron un puesto en la Academia Naval de Annapolis, Maryland, que — come era de esperar — no le gustó y describió como "Linton Hall para adultos". Intentó hacerse expulsar acumulando deméritos y había alcanzado 297 de los 300 deméritos requeridos cuando, con ocasión de la visita de la reina [de Inglaterra] Isabel en noviembre de 1954, sus deméritos le fueron perdonados. Según su libro, cualquier miembro de la realeza o jefe de estado que visitara el país tenía el poder de conceder amnistía por todos los deméritos, y ella lo hizo.

Su siguiente intento por ser expulsado de Annapolis fue simular puntos ciegos en su vista que supuestamente eran el resultado de haber sido dejado caer de cabeza a los 3 años (lo que realmente sucedió) y le dieron el alta médica en marzo de 1955.

22
Linton Hall a mediados de la década de los años setenta

A mediados de la década de los 1970, la matrícula de Linton Hall estaba disminuyendo.

Creo que esto se debió tanto a que la guerra de Vietnam hizo que todo lo que tuviera que ver con lo militar fuera impopular, como a los duros castigos que se aplicaron en Linton Hall.

La escuela eliminó la palabra *militar* de su nombre, pero, aparte de eso, el horario diario era el mismo, los uniformes eran los mismos, el programa militar era el mismo, según un folleto de la escuela de 1978 y lo que observé cuando volví a visitar Linton Hall el Miitary Day de 1980. El comandante todavía estaba allí, Bill todavía estaba allí, pero la directriz ahora era Sister Mary Ellen. La mayoría de las monjas que enseñaban o eran prefectas de dormitorio eran nuevas para mí, y aproximadamente tres cuartas partes de ellas ya no usaban el hábito.

Además de eliminar la palabra *militar* de su nombre, la escuela se esforzó por cambiar su imagen diminuyendo importancia, o incluso ocultando, el aspecto militar. Un artículo sobre Linton Hall en el *Potomac News* (un periódico local de baja circulación) del 5 de mayo de 1975 afirma que "El comandante explicó que el aspecto militar de la escuela no tiene nada que ver con las armas ni con las fuerzas armadas. Los cadetes hacen ejercicios de manera militar; el comandante explicó que el propósito de los ejercicios es mejorar las habilidades motrices".[25] En el mismo artículo se cita a Sister Christine, que dice que el programa "no está regimentado". Estos son dos ejemplos flagrantes de las muchas formas en que Linton Hall se desvirtuó a sí misma.

La disminución de la matrícula provocó un grave problema financiero, ya que la mayoría de los gastos (mantenimiento y reparación del edificio y otras instalaciones, calefacción e iluminación y salarios del personal, por nombrar los más importantes) se mantuvieron sin cambios. Los gastos variables, es decir, los gastos que variaban en función del número de cadetes, eran pequeños en comparación (principalmente

---

[25] "We've Found a Happy Medium: Linton Hall Military School Guides Boys Along Christian Principles" *Potomac News,* 5 de mayo de 1975

comida, lavandería y uniformes; el hecho de que el gasto de los uniformes se facturara por separado es irrelevante). Para repartir los gastos fijos entre menos estudiantes, la escuela habría tenido que aumentar drásticamente el precio de la matrícula, y el aumento del precio habría habría provocado que la matriculación disminuyera aún más, creándose así un círculo vicioso.

Linton Hall colocó anuncios en periódicos para intentar de aumentar la matrícula. Además de colocar anuncios en el *Washington Post,* extendió su red de publicidad a periódicos de Richmond (Virginia) y Greensboro (Carolina del Norte).

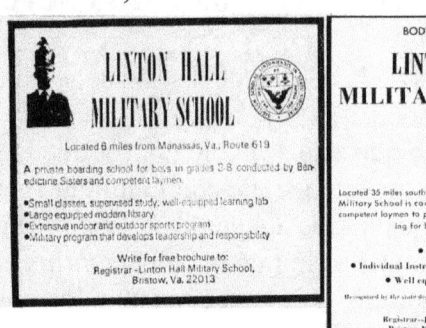

Izquierda: *Richmond Times-Dispatch*, 9 de mayo de 1971. Derecha: *Greensboro* (Carolina del Norte) *Daily News* , 11 de marzo de 1973.

Otro cambio fue que el domingo 17 de febrero de 1974, la Linton Hall Military School organizó una cena buffet y un baile para los cadetes, sus padres y amigos para celebrar el Día de San Valentín.[26] He visto una foto de un baile en Linton Hall en el que estaban presentes niñas de la edad de los cadetes, así que estoy bastante seguro de que los cadetes no bailaron entre ellos ni con las monjas. Durante los años en que asistí a Linton Hall, un baile escolar habría sido impensable.

A los cadetes también se les permitía tener los cabellos más largos, tan largos como era común entre los varones fuera de Linton Hall a finales de los años 1960. (Los rostros están cubiertos para proteger la privacidad).

---

[26] "Valentine Dance" *Potomac News,* 22 de febrero de 1974

23
Padre Blase Strittmatter, OSB

Cuando asistí a la Linton Hall Military School, el padre Blase Raymond Strittmatter, OSB, era el capellán de la escuela y del convento.
(Su nombre estaba mal escrito como Blaise en el anuario de la escuela).

Ni yo ni los otros cadetes teníamos mucha interacción con él: celebraba la misa, escuchaba las confesiones y eso era básicamente todo. Algunos cadetes optaban por aprender a ser monaguillos; yo no era uno de ellos, especialmente cuando me enteré que si ibas a la misa en el convento, donde se celebraba a diario, tenías que levantarte media hora antes y caminar solo hasta el convento. Supongo que aprendí pronto la sabiduría del consejo que se daba en el ejército: "Nunca te ofrezcas voluntario para nada".

Los que estaban sirviendo Misa ataban el cinturón de su bata al marco de su cama, de modo que el prefecto del dormitorio pudiera encontrar su cama en la oscuridad para despertarlos media hora antes que las demás, lo que también significaba que la misma monja tenía que levantarse más temprano, ya que nunca salía de su habitación sin usar su hábito completo; ni una sola vez en todos mis años allí vi a una monja que usara bata, o incluso pantuflas.

Como el padre Blase no tenía ninguna responsabilidad disciplinaria, yo no le tenía miedo. Tenía la costumbre de llamar Charlie (Carlito) a todo el mundo, sin importar su nombre, lo que algunos consideraban una excentricidad divertida y que a mí me parecía degradante, del mismo modo que en otros tiempos los clientes blancos llamaban George (Jorge) a los porteros negros.

Pasemos ahora a su biografía...

Blase Strittmatter nació el 21 de junio de 1905 en Carroltown, Pensilvania, una pequeña ciudad en la zona minera de carbón del centro de Pensilvania y que al día de hoy tiene menos de

900 habitantes. Su padre Edward era herrero, su madre se llamaba Rose y tenía al menos un hermano y dos hermanas; una de sus hermanas se hizo monja. Asistió a la escuela preparatoria y al colegio St. Vincent en Pensilvania, y también estudió en el colegio St. Anselm en Roma, Italia.

El 2 de julio de 1926, pocos días después de cumplir veintiún años, se hizo monje benedictino. Cinco años después, el 28 de junio de 1931, se hizo sacerdote católico. Posteriormente se incorporó al profesorado del St. Vincent College and Seminary, donde enseñó Filosofía.

El padre Blase vivió la mayor parte de su vida en la abadía de Saint Vincent en Latrobe, Pensilvania, al este de Pittsburgh. También fue pastor asociado en la archidiócesis de Chicago y en la diócesis de Greensburg.

El 16 de octubre de 1940, cuando tenía 35 años y la Segunda Guerra Mundial estaba empezando, se registró para el servicio militar obligatorio, indicando que era alto de 1,72 m y pesaba 84 kg. No pude averiguar si fue conscripto o no. Lo dudo, ya que recuerdo vagamente que en los años 70, durante la guerra de Vietnam, los ministros religiosos recibían un aplazamiento automático o una exención, aunque se les exigía que se registraran para el servicio militar obligatorio como cualquier otro hombre.

Durante varios años fue capellán de las hermanas de Bristow, Virginia y de los cadetes de Linton Hall. En 1984 regresó a la Abadía de Saint Vincent. El padre Blase murió de un ataque cardíaco el 18 de junio de 1986, apenas tres días antes de lo que habría sido su 81.º cumpleaños. Está enterrado en el cementerio de Saint Vincent.

24
Castigos

Los cadetes de Linton Hall tenían entre siete y quince años, posiblemente incluso dieciséis. Siete años es la "edad de la razón" generalmente aceptada, a partir de la cual se considera que un niño ha alcanzado un nivel de madurez suficiente para entender la diferencia entre lo correcto y lo incorrecto, y puede entender explicaciones sobre por qué debe o no debe realizar ciertas acciones. Las razones por las que no debe jugar con cerillas, subirse a un coche con desconocidos o por qué debe cepillarse los dientes o hacer los deberes escolares se pueden explicar en términos sencillos para que comprenda las consecuencias de ciertas acciones e inacciones. Los niños a menudo se olvidan y hay que recordárselo. Otros niños pueden ser impulsivos y no considerar las consecuencias de sus acciones; y otros pueden ser rebeldes por una multitud de razones.

Mi punto es que una explicación simple debería ser la primera, y a menudo la segunda y tercera opción antes de recurrir al castigo y, aún así, el castigo debería ser proporcional a la transgresión.

He dado ejemplos de expectativas razonables como "no juegues con fósforos" y "cepíllate los dientes".

Pero las expectativas también pueden ser irracionales. A los niños les gusta jugar, reír, correr, bromear y explorar el mundo que los rodea (lo cual tiene una novedad que la mayoría de quienes estan leyendo estas palabras han dejado de experimentar hace mucho tiempo). Todo esto es natural y normal. Es totalmente irracional esperar que un niño, o un adulto, se quede quieto durante minutos seguidos, sin siquiera hablar (me vienen a la mente palabras como inconsciente, catatónico, sedado, drogado y sobremedicado con tranquilizantes). Tampoco es razonable esperar que alguien con medio cerebro, niño o adulto, prospere, aprenda y crezca mentalmente, emocionalmente y espiritualmente cuando se lo trata como autómata en un entorno altamente regimentado y restrictivo donde no hay ninguna oportunidad para la autonomía personal y para tomar decisiones.

Sin embargo, eso es exactamente lo que se esperaba de nosotros en Linton Hall. Una gran preparación para la vida en un monasterio, en el ejército, en una prisión o en un manicomio, pero no para convertirnos en adultos autónomos con iniciativa, empuje, capacidad para discernir el bien del mal, gana de aprender y de afrontar nuevos retos y utilizar sus talentos de manera positiva y productiva. ¿No es esto de lo que trata la Parábola de los Talentos (Mateo 25:14-30)?

Esta ha sido una larga introducción al tema de este capítulo: el castigo. Sostengo que los castigos que se aplicaban como resultado de romper una regla, ya sea intencionalmente o por error (como nosotros, seres imperfectos, estamos obligados a hacer) eran desproporcionadamente severos y crueles, pero demasiado comunes. Creo que cualquier persona buena y razonable que no sea sádica estará de acuerdo conmigo.

De pie en posición de firmes

Esto requería permanecer de pie, con los brazos colgando, sin moverse durante un período prolongado de tiempo, normalmente de diez minutos a una hora o más. Incluso el más mínimo movimiento a menudo daba como resultado que el tiempo se extendiera. Esto puede parecer algo sin importancia si uno lo intenta durante unos segundos, pero pronto se vuelve insoportable a medida que la necesidad de rascarse la nariz o cambiar el peso de un pie al otro se hace cada vez mayor. Es aún peor cuando no estás frente a un reloj y no tienes idea de cuánto tiempo ha transcurrido y cuánto tiempo queda. Por lo general, cualquier reloj estaría detrás de ti, ya que el oficial te colocaría de manera que tanto tú como el reloj estuvieran a la vista. Suena mal, pero probablemente este fue el castigo más leve.

Sin embargo, podía ser peor si necesitabas orinar (y la falta de libertad para hacerlo hace que la necesidad se sienta más intensa). También era malo si este castigo ocurría a la hora de comer, cuando tenías que ver a los demás comer y finalmente te decían que te sentaras justo cuando la hora de la comida estaba a punto de terminar, por lo que tenías que devorar lo que había en la bandeja lo más rápido posible. Si te obligaban a permanecer de pie en posición de firmes durante una película, tenías que hacerlo de espaldas a la pantalla, pero como tenías que estar de pie en un lugar fuera de la vista de los demás que estaban sentados mientras veían la película, era difícil para el oficial darse cuenta si de vez en cuando girabas la cabeza.

Una variante utilizada por al menos un oficial era que el cadete se colocara de espaldas a las taquillas de metal del dormitorio. El oficial hacía un movimiento como si fuera a golpearte, pero en el último instante su mano golpeaba la taquilla que estaba a tu lado, con la palma abierta. La taquilla hacía un sonido aterrador y no había forma de saber si la próxima vez golpearía la taquilla de nuevo o si te golpearía a ti.

Este castigo era algo que sólo un oficial haría, ya que a los oficiales no se les permitía golpear a los cadetes, y esta regla nunca o muy raramente se rompía.

Pero los oficiales tenían otro castigo en su arsenal.

Flexiones profundas de rodillas

Una variación de la posición anterior, excepto que estarías en una sentadilla profunda, con las plantas de los pies en el suelo, el torso vertical, con las manos y los brazos sin tocar el suelo, por lo que no podrían usarse para soportar tu peso o incluso para ayudarte a mantener el equilibrio. Aunque por lo general se permitía un movimiento leve, esta posición causa un dolor intenso a medida que se estiran los músculos y los ligamentos y se tensan las articulaciones. Cuanto más tiempo se mantiene esta posición, más fuerte se vuelve el dolor. No hace falta decir que, además de causar dolor, esto causa daño a los músculos, ligamentos y articulaciones (en particular, el cartílago), pero no deja ninguna de las marcas visibles que dejaría una paliza.

Algunos cadetes inteligentes afirmaban que tenían "doble articulación," es decir, que tenían un hueso más en las articulaciones que les impedía hacer flexiones profundas de rodillas. Esto casi siempre significaba que el oficial tendría que usar una forma alternativa de castigo, y como a los oficiales no se les permitía golpear a un cadete, la forma alternativa de castigo sería más leve, como obligarlo a permanecer de pie en posición de firmes.

No había forma de que el oficial verificara si el cadete en cuestión tenía un hueso extra en sus articulaciones o estaba mintiendo, y el oficial normalmente le daba al cadete el beneficio de la duda.

Por cierto, tener "doble articulación", como se describió anteriormente, es un mito. No existe tal cosa como tener un hueso adicional en la articulación. Lo que se conoce como "doble articulación" es en realidad un nombre inapropiado; implica que los ligamentos son más largos de lo normal, de modo que la rodilla o el codo pueden hiperextenderse, es decir, extenderse más de 180 grados.

Me avergüenzo que, como oficial, hice a ciertos cadetes hacer flexiones de rodillas profundas. En aquel momento también creía que tener doble articulación era algo real y caí en la trampa. Sin embargo, no estaba al tanto de ese truco cuando me obligaron a hacer flexiones de rodillas profundas durante mi primer año en Linton Hall.

La cruz

Aunque las monjas, y con menos frecuencia el comandante, utilizaban la posición de firmes como castigo, había un castigo que sólo utilizaba el comandante. Esta variante de la posición de firmes implicaba permanecer de pie con los brazos extendidos horizontalmente, con cada mano sosteniendo un rifle que se sostenía verticalmente, una posición similar a la de Jesús clavado en la cruz, de ahí el nombre.

Mantener esta posición durante un tiempo prolongado se vuelve insoportablemente doloroso. Si permitías que tus brazos se movieran ligeramente hacia abajo desde la posición horizontal, el comandante, que estaba de pie detrás de ti sosteniendo un tercer rifle, usaba ese rifle para golpearte en el codo y hacerte volver a la posición horizontal. Al igual que con las flexiones profundas de rodillas, este castigo era doloroso pero no mostraba signos visibles de lesión, como ronchas o moretones. Este fue un castigo que nunca recibí.

La paleta

Este era un objeto que sólo utilizaban las monjas. Cada monja que estaba a cargo de un dormitorio, así como la directriz, Sister Mary David, tenía su propia paleta. No me acuerdo si las monjas que enseñaban en la escuela tenían una, pero si no la tenían, podían haber tomado una prestada si hubieran querido. Se trataba de un trozo de madera de unos 45 cm de largo, de 5 a 7,5 cm de ancho y aproximadamente un centímetro de grosor. Se puede comprender que nunca tuve la oportunidad de medirla. Al cadete que recibía la paliza se le obligaba a agacharse por la cintura y a sujetarse de los tobillos, y la monja sádica lo golpeaba a su antojo, normalmente en la parte superior de la parte posterior de la pierna en lugar de en las nalgas, pero dada la ferocidad con la que se hacía esto, también se le podía golpear en otras partes. La cantidad de azotes dependía de la gravedad de la ofensa, así como del nivel de ira de la monja.

En mis años en Linton Hall solo fui azotado en una ocasión. (No recuerdo cuántos golpes recibí, pero fueron varios) por parte de la propia Sister Mary David, que estaba furiosa e incontrolable, por algo que yo no había hecho. Ella era una persona que castigaba primero y quizás solamente después se molestaba en averiguar si el cadete castigado era culpable. La injusticia era probablemente incluso peor que el dolor físico. La injusticia era algo común en Linton Hall.

Una monja que usaba frecuentemente la paleta era Sister Theresa Anderson, que estaba a cargo del dormitorio de una compañía menor (es decir, de cadetes más jóvenes) y también enseñaba a niños de segundo grado. Durante la misa, si ella pensaba que uno de los niños pequeños no estaba cantando lo suficientemente fuerte, le hacía extender las manos y se las golpeara con su paleta. Los gritos de dolor de los que estaban siendo golpeados eran lo suficientemente fuertes como para ser oidos por todos los presentes en la misa, no solo por los que estaban cerca y estaban en su compañía. Esto sucedió durante cada misa y a varios niños. Me pregunto si el propósito de hacer que sus cadetes cantaran más fuerte era enmascarar el ruido de los gritos de los que acababa de golpear. Irónicamente, uno de los himnos que cantábamos en la misa tenía la letra "Todo lo que hagas a uno de mis hermanos más pequeños, a mí me lo haces," que es una paráfrasis de Mateo 25:35-40.

La correa

A diferencia de las monjas, el comandante no utilizaba una paleta, sino una correa de cuero, similar a un cinturón de cuero grueso y ancho. Era raro que la utilizara, normalmente con alguien que se había escapado, había sido capturado y devuelto. Esas palizas se daban delante de todo el batallón, que se había reunido y obligado a mirar.

Él probablemente pensó que al dar un ejemplo con un fugitivo estaba disuadiéndonos a los demás de hacerlo, y probablemente eso fue el caso. Al mismo tiempo, redujo en gran medida el nivel de admiración que tenía por él y reemplazó la admiración por el miedo. El hecho de que reuniera a todo el batallón a ver el castigo quiere decir que él pensaba que no estaba haciendo nada malo y que no había nada que ocultar, y eso también es triste.

Un jefe que golpeara a un empleado adulto de esa manera sería arrestado, condenado y demandado por cada centavo que tiene; y ese es un empleado que, como adulto, está mejor capacitado para defenderse y puede renunciar en cualquier momento. Cualquiera que golpeara a un perro de esa manera sería arrestado y acusado de crueldad a los animales. Pero cuando un hombre o una mujer adultos golpeaban a un niño pequeño en Linton Hall, todo seguía igual.

Desde que comencé a escribir sobre LHMS, he recibido comentarios de un par de cientos de ex-alumnos. Lo trágico es que algunos de los que fueron golpeados no ven nada malo en eso.

Pijamas empapados de orina

En ocasiones, un niño orina mientras duerme y moja la cama. Esto sucede con más frecuencia a niños muy pequeños. El hecho importante es que es completamente involuntario. Sin embargo, a cualquiera que le sucediera esto se lo castigaba obligándolo a llevar el pijama empapado de orina alrededor del cuello durante todo el día. Este castigo lo aplicaban los oficiales o el prefecto del dormitorio, pero era inevitablemente obvio para todas las monjas, el comandante y Bill. Todos llevábamos uniforme, por lo que el pijama alrededor del cuello se podía ver a treinta metros de distancia.

Describo esto con más detalle en las páginas 23 y 24 del primer volumen, pero vale la pena repetirlo. El verdadero objetivo era causar humillación y acoso. Debe haber un lugar especial en el infierno para quienes hicieron esto.

Acoso y humillación pública

Éste era el verdadero objetivo de hacer que los que se hacían pis en la cama llevaran el pijama empapado en orina alrededor del cuello.

En otros casos, cuando se castigaba a un cadete obligándolo a permanecer de pie o a sostener dos rifles, había algunos cadetes quele susurraban "Suffer!" (¡Sufre!) y/o hacían el gesto con la mano que tenía ese significado. Nunca vi ese tipo de schadenfreude en ninguna de las otras escuelas a las que asistí.

Castigo masivo

Cuando se infringía una norma y no se podía identificar al culpable o culpables, se castigaba a todo el grupo, ya se tratara de una clase de 30 alumnos o de todo el batallón de 250 cadetes. La idea era que era mejor castigar a doscientos cadetes inocentes que dejar que un cadete culpable quedase impune. Esto es exactamente lo contrario del principio de la jurisprudencia (en EE.UU.) que sostiene que en un proceso penal hay que condenar a alguien más allá de toda duda razonable y que, si hay dudas o pruebas insuficientes, no se debe condenar al acusado.

El castigo masivo a menudo consistía en tener que permanecer de pie en posición de firmes sin moverse (incluso sin permitir de ir al baño) durante un tiempo prolongado, tener que marchar durante lo que habría sido el tiempo libre o tener que correr en círculos alrededor del asfalto sin que importe qué tan frío o caliente estuviera, pero a veces se usaban otros tipos de castigos.

El principio no es muy diferente de cuando un ejército que ocupa una ciudad anuncia que por cada uno de sus soldados que muera, diez civiles serán detenidos y fusilados, aunque claramente las consecuencias en Linton Hall no fueron tan nefastas.

Para crédito de todos nosotros que fuimos objeto de castigos masivos a lo largo de los años, no conozco un solo caso en el que alguien que supiera quiénes eran los culpables los delatara.

Deméritos

Tanto los oficiales como las monjas tenían el poder de emitir deméritos. Por lo general, estos debían ser pagados marchando durante el tiempo libre. A los oficiales se les asignaban turnos para dirigir la marcha, por lo que ellos/nosotros los oficiales también terminábamos perdiendo parte de nuestro tiempo libre. La peor parte de los deméritos era que si acumulabas cierta cantidad (creo que eran tres) no podías volver a casa para el fin de semana hasta que la cantidad de deméritos pendientes se hubiera reducido por debajo de esa cantidad.

También había otro tipo de demérito, llamado demérito académico. No estoy muy seguro de cómo funcionaban, si afectaban a la nota académica o a la nota por el esfuerzo en esa materia en particular. Sé que, a diferencia de las sanciones disciplinarias, a tus padres se les enviaba una nota para informarles que habías recibido una sanción académica, porque me pasó a mí. ¿La razón? Había una maestra que a veces mandaba tareas para hacer durante el fin de semana en que ibas a casa. Ninguna otra maestra hacía eso, ni siquiera los fines de semana alternos en los que nos quedábamos en Linton Hall, ya que no había hora de estudio durante los fines de semana. Una de las tareas consistía en leer los artículos del periódico del domingo sobre un acontecimiento importante en particular y escribir un informe que incluyera imágenes recortadas del periódico. Hice esa tarea, pero me robó un par de horas de las pocas y preciosas horas que tenía en casa. La siguiente vez que me dio una tarea de ese tipo no la hice, y por eso fuí sancionado.

Corte marcial

Las transgreciones graves podían dar lugar a un juicio marcial. Era algo como un juicio, en el que los oficiales actuaban como jurados. El acusado tenía una breve oportunidad de abordar los cargos contra él y luego salía mientras los oficiales discutían el asunto. En la práctica, era el comandante quien "sugería" si el cadete era o no culpable, y cuál debería ser el castigo apropiado, y por casualidad todos los oficiales estaban de acuerdo con lo que decía el comandante.
No hay ninguna sorpresa en eso.

Otros castigos

Esta lista está lejos de ser completa. Entre otras cosas, se obligaba a masticar una pastilla de jabón por usar palabrotas, no se les daba el dulce que se estaba distribuyendo a todos (había un incentivo para que la monja que hacía la distribución tuviera una excusa para comérsela ella misma o usarla como recompensa para alguien que hiciera tareas adicionales, como clasificar la ropa limpia) y no se les permitía volver a casa el fin de semana. La última que mencioné fue un reconocimiento tácito de que tener que pasar el fin de semana en Linton Hall era un castigo en sí mismo.

Sólo me perdí un fin de semana en casa, no como castigo, sino porque nadie pudo venir a recogerme, por razones que no vienen al caso. Fue desagradable y decepcionante no estar con mi familia y no tener las comodidades y la libertad de estar en casa. Sin embargo, no fue tan malo como parecía. Normalmente éramos muy pocos, ya que todos, excepto los mexicanos, se habían ido a casa, y había mucha menos disciplina o estructura de lo que normalmente había.

Por qué nos castigaban

Sospecho que la razón por la cual huir de Linton Hall se consideraba una falta tan grave no era tanto la preocupación por la seguridad del que huía, sino la vergüenza de que Linton Hall fuera un lugar tan horrible que los cadetes estuvieran dispuestos a hacer el esfuerzo y correr el riesgo de huir. Después de todo, esa era la razón por la que se censuraba el correo saliente — para evitar que los padres supieran las verdaderas condiciones en Linton Hall. Antes de que me enviasen a Linton Hall pasé un par de veranos en un campamento (no en el Campamento Linton). Hubiera sido una locura huir de tanta diversión.

Pero las otras infracciones eran bastante menores: no cantar lo suficientemente alto durante la misa, decir una palabrota al alcance del oído de una monja, hablar después del apagar de as luces o mientras estaba haciendo cola. Una vez, cuando era nuevo, fui a lavarme los dientes después de que me dieron el dulce que daban en el dormitorio de noche. Un oficial me dijo que no fuera; fui lo mismo y me emitió suficientes deméritos como para perderme un fin de semana en casa.

Tuve muchísima suerte de que o se olvidó de entregar los deméritos o cambió idea, y pude irme a casa.

También hubo ocasiones en las que los cadetes fueron castigados por algo que estaba fuera de su control. Un ejemplo es orinar en la cama. Otro fue llegar tarde a Linton Hall después de un fin de semana en casa. Eso es algo que dependía solamente de los padres, que decidían cuándo salir de casa y cuánto tiempo dejar para prever cualquier problema. Sin embargo, los hijos eran considerados responsables de eso. Esta regla tenía completo vigor; incluso si llegabas un minuto tarde, te daban deméritos que tenías que quitarte. En mis años allí, volví tarde solo una vez, y por menos de cinco minutos. Mi nombre terminó en la lista publicada en el tablón de anuncios del Comandante, pero por alguna razón (tal vez porque era la primera vez que regresaba tarde) no tuve que quitarme el demérito. Como muchas cosas que sucedieron en Linton Hall, no hubo explicación, solo una agradable sorpresa.

Estoy firmemente convencido de que, en la mayoría de los casos, el único efecto duradero de estos castigos fue hacer que el cadete pensara en formas de no volver a ser atrapado, en lugar de detener la conducta reprobada. Eso, más la ira y el resentimiento.

Cosas por las cuales no fuimos castigados

Dada la severidad y desproporcionalidad de los castigos que se impusieron por las infracciones antes mencionadas, todavía me sorprende que otras acciones no tuvieron como consecuencia nada más que decir de no hacerlo más.

Las palabras ofensivas y despectivas, dichas por un cadete hacia otro, o por un oficial hacia un cadete, es un ejemplo.

Había un cadete que tenía un auténtico casco nazi, que a veces usaba durante el recreo y se paseaba por ahí fingiendo ser un nazi. Tal vez en algún momento le dijeron que se llevara el casco a casa y que no lo trajera de vuelta, pero mientras actuaba como un nazi nadie le dijo que no lo hiciera ni le explicó por qué. Estaba en séptimo grado, así que sin duda tenía la edad suficiente para entender las razones.

Otro cadete tenía la habilidad de girar los ojos hacia arriba tanto que solo se le veía la esclerótica (la parte blanca del ojo). Lo hacía mientras fingía (¡espero que estuviera fingiendo!) adorar al diablo durante el "descanso" (el período libre en los dormitorios.)
Su comportamiento asustaba muchísimo a muchos niños, y con razón, pero no se hizo nada al respecto (¡por monjas en una escuela católica!)

No todos fueron tratados de la misma manera

Hasta cierto punto, se puede comprender que alguien que normalmente seguía las reglas y cometió un error inocente sea tratado con menos dureza que alguien que tenía problemas disciplinarios graves cuando ambos cometían la misma infracción.

Esto me benefició al empezar mi primer año allí, pero mucho más cuando estaba en octavo grado y era oficial.

Me acuerdo de dos ocasiones en las que, como oficial, desafié abiertamente las instrucciones de la prefecta de mi dormitorio. La primera fue por algo menor, que incluso podría considerarse como hacer algo en un modo diferente en lugar de un desafío, pero la segunda fue un claro caso de desafío. En ambos casos, todo lo que hizo fue decirme "No aprecio lo que hiciste" y eso fue el final del asunto. Es posible que ni siquiera yo haya pedido disculpa. La razón debe haber sido que yo era eficaz en controlar los cadetes bajo mi mando y ella no tenía que lidiar con todos los comportamientos problemáticos que podrían haber ocurrido.

En ambas ocasiones no sabía que su respuesta sería tan suave, y ni siquiera me tomé un momento para considerarlo; en ambos casos había actuado impulsivamente.

El comandante actuó de manera similar, como mencioné en el capítulo 41 del primer volumen, "Las cosas con las que nos salimos con la nuestra".

Falta de supervisión

Durante el tiempo libre, sólo había una monja para supervisar a más de 200 cadetes. Las monjas solían pasar el tiempo platicando con un grupo de cadetes, como en la foto de arriba, tomada mientras yo asistía a Linton Hall. Desde esta posición, una monja no podía ver detrás del arsenal, el cortavientos o la cantina, ni el baño en el sótano del edificio, donde cualquier cosa podía pasar sin que ella lo supiera, y sólo intervenía si alguien corría hacia ella para contárselo.

No es solamente Linton Hall

Mientras estaba en Linton Hall, pensaba que Linton Hall era la excepción, que ninguna otra escuela era tan mala, ya que las tres escuelas a las que había asistido anteriormente habían sido maravillosas.

Lamentablemente, no es así. Estos castigos estaban y están tan extendidos en tantas escuelas, así como en hogares de acogida y hogares grupales, que simplemente introduciendo una combinación de dos o más palabras como *abuso, monjas, sacerdotes, internado, acogida* en un motor de búsqueda, se encontrará una gran cantidad de ejemplos. Es casi como si los responsables de esos lugares estuvieran leyendo el mismo manual. Por muy malo que fuera LH, muchos lugares son mucho peores. Me pregunto seriamente si quienes tratan a los niños de esa manera verdaderamente creen en Dios, en el Día del Juicio Final y en el más allá.

25
La escuela y las maestras

Una de las primeras cosas que escribí sobre Linton Hall fue que "en general, el nivel académico era bueno". Eso se debió a que fui a una buena escuela antes y después de Linton Hall, y experimenté una transición fluida tanto al ingresar como al salir de Linton Hall; cada grado fue un poco más difícil que el anterior, como esperaba, pero no hubo un contraste marcado. Esa es la razón por la que no he escrito mucho sobre mi experiencia en el aula.

Hace poco miré mi boletín de calificaciones de octavo grado y noté que había dos calificaciones para cada materia. La primera, por logro, llegaba hasta 100 (aunque en la práctica 75 parece haber sido la calificación más baja posible; de todos modos, esa es la calificación más baja que obtuve). El segundo número era por esfuerzo, donde 1 era "máximo esfuerzo sostenido", 2 era "esfuerzo promedio" y 3 era "poco esfuerzo aparente".

La evaluación del esfuerzo me parece totalmente subjetiva y basada en poco más que conjeturas, salvo en los casos más flagrantes. Además, hubo una asignatura en la que obtuve una nota del 95% en un trimestre y del 96% en cada uno de los otros tres trimestres, pero obtuve una nota de 2 (esfuerzo medio) en cada uno de los cuatro trimestres. ¿Significa eso que si me hubiera esforzado más habría obtenido un 100% perfecto? ¿O que fui capaz de obtener el 96% sin esforzarme demasiado?

Ciertas personas son mejores en algunas materias que en otras. Por ejemplo, a mí siempre me ha ido bien en matemáticas, no porque me resultara especialmente agradable, sino porque soy naturalmente bueno con los cálculos numéricos. No soy bueno memorizando pequeños detalles (como fechas y lugares en historia), así que mis notas no fueron tan buenas en historia, a pesar de poner mucho esfuerzo, y aun así me dieron un 3 (poco esfuerzo aparente) cuando en realidad tuve que hacer un gran esfuerzo para obtener una nota de ochenta y tantos (equivalente a B+). Además, las maestras no eran conscientes del nivel de exposición previa a una materia; lo que puede haber parecido una falta de esfuerzo por mi parte en la clase de religión simplemente significaba que no había asistido a ninguna escuela católica antes, y mi exposición a la religión se había limitado a la preparación necesaria para mi Primera Comunión y mi Confirmación. Las maestras probablemente también desconocían el hecho de que nosotros que eramos oficiales teníamos que supervisar la hora de estudio de los grados inferiores y que teníamos que lidiar con muchas interrupciones mientras lo hacíamos, por lo que teníamos quedarnos por una segunda hora de estudio para poder terminar de estudiar, lo que yo hacía a menudo.

No todas las materias tenían calificaciones por esfuerzo, y las que sí las tenían, a menudo, solo tenían una evaluación del esfuerzo para el primer o segundo trimestre. Tal vez nuestras maestras se dieron por vencidas porque evaluar el esfuerzo era muy difícil.

La parte de literatura de la clase de inglés estaba especialmente bien enseñada. Tuvimos que leer *Animal Farm* de George Orwell y varios cuentos cortos que invitaban a la reflexión, como "Flowers for Algernon" de Daniel Keyes.[27] Sin desvelar la trama, puedo decir que este cuento trata de un hombre con retraso mental que se vuelve más inteligente. La historia tiene un paralelo con Linton Hall. Los niños son confiados, de tamaño pequeño, aún no están completamente desarrollados intelectualmente, pero en unos pocos años se convierten en adultos que pueden comprender mejor cómo fueron tratados, pueden contárselo al mundo y pueden defenderse si son atacados físicamente con un palo o una correa de cuero.

La clase llamada arte era verdaderamente una clase de trabajos manuales y parecía estar al mismo nivel para todas las edades. Por ejemplo, uno de nuestros proyectos consistía en pegar tiras de papel crepé de colores sobre una piedra y, una vez que el pegamento se secó, escribir palabras sobre la piedra. Es algo que puede hacer un niño de segundo grado, pero no es un reto para alumnos de séptimo u octavo grado. Como estudiante de octavo grado, hubiera preferido pasar más tiempo dibujando y que nos mostraran ejemplos de grandes obras de arte, en lugar de haber pasado varias semanas construyendo uno de esos modelos de automóviles de plástico listos para montar. Era un pasatiempo popular entre los varones en aquella época, pero claramente no era arte. Este es otro ejemplo de que Linton Hall no estaba a la altura de su potencial, ya que habría sido relativamente barato comprar unas cuantas diapositivas de obras de arte.

Me esperaría que una monja que había hecho un compromiso por vida para unirse a un convento supiera mucho sobre religión, pero un año la clase de religión me decepcionó. Una cosa que dijo la monja que daba la clase fue que alguien que peca ocasionalmente es como una taza de café tibio. Si el café está caliente, es bueno, si está frío lo devuelves, pero si está tibio lo bebes pero no estás muy contento de él. Es una parábola

---

[27] Originalmente escrito como un cuento, luego se amplió y se convirtió en un libro con el mismo nombre, y luego se convirtió en una película llamada Charly. No he visto la película, pero en mi opinión el cuento es más poderoso que el libro.

que ella inventó para explicar que es mejor pecar mucho y arrepentirse que pecar un poco y no arrepentirse, pero no supo explicarnos por qué era mejor pecar y arrepentirse que no pecar.

Una vez, cuando escribí una tarea, había una palabra que ella entendió mal y pensó que yo había insultado gravemente a la iglesia, e incluso estuvo a punto de llamar al padre Blase por eso. La palabra estaba usada correctamente y no había ningún insulto, pero tuve que explicarle lo que significaba esa palabra.

Otra vez, ella nos enseñó lo que ella llamaba "phrasees," una palabra que no existe en inglés. Alguien le preguntó si se refería a *phrases,* con solamente una *e,* que quiere decir frases. No, "phrasees" con dos *e,* respondió. (No, tampoco eran los fariseos). Era un concepto que implicaba escribir una frase que supuestamente resumía un párrafo entero. Eso no tenía sentido. Cuando alguien escribe un párrafo es porque el párrafo entero contiene información, no porque todo el contenido se pueda resumir en una frase muy corta. Tengo un diccionario inglés que es excelente y muy grande, pero no existe ninguna palabra como "phrasees;" era un neologismo que ella acababa de inventar.

En otra ocasión nos pidió que escribiéramos sobre un encuentro, que ella definió como una ocasión en la que alguien había tenido un impacto positivo en la vida de una otra persona. Un tema interesante, pero sólo marginalmente relevante para la clase de religión. Tal vez le gustaba la palabra *encuentro* porque en esa época (finales de los años 60) había eventos como los grupos de encuentro.

Ese año, nuestro libro de religión no era mucho mejor. Contenía ejemplos de situaciones que se debían discutir en clase. Una de esas situaciones era la de una niña que contestó el teléfono en casa diciendo: "Pagaste diez centavos, empieza a hablar". En aquel momento, consideré eso como una cuestión de si sus padres aprobarían o no que usara esas palabras para contestar el teléfono, no una cuestión de moralidad o religión, y todavía creo que es así.[28]

También había una monja, otra a la que me refiero arriba, que nos dijo que las monjas a veces oían al diablo rondando por los pasillos del convento en medio de la noche, arrastrando cadenas de metal arriba y abajo por las escaleras de piedra. Una historia escalofriante, pero bien podría haber sido el sonido metálico que hacían las tuberías que se utilizaban para la calefacción al expandirse y contraerse. Ese era el sonido que oíamos en los dormitorios cuando empezaba a funcionar la calefacción poco antes de tocar la diana.

---

[28] Nota para los lectores más jóvenes: en aquella época no había teléfonos móviles, sólo líneas fijas, y utilizar un teléfono público costaba diez centavos de dólar para una llamada local. Además, todavía no existía el identificador de llamadas, por lo que comprendo la preocupación de sus padres ya que no había forma de saber antes de contestar si el que llamaba era un amigo de la niña o el empleador del padre.

26
Recuerdos, actualizaciones y pensamientos

Lo que sigue es una colección de recuerdos, actualizaciones y pensamientos desde que se publicó el primer volumen de *Linton Hall Memories* hace diez años.

• Corrección: En mi primer libro, en el capítulo 21, "Historia de Linton Hall", escribí que Sarah Linton (más tarde Sister Mary Baptista), quien donó un gran terreno con el propósito de construir dos escuelas, se había convertido en monja benedictina. Eso es incorrecto. Ella ingresó en la Order of The Visitation of Holy Mary, (Orden de la Visitación de Santa María,) ubicada en Georgetown, Washington, D.C.. Los miembros de esa orden se conocen como Visitandinas y usan las iniciales VSM después de su nombre, por lo que ella sería Sister Mary Baptista, VSM.

• Desde entonces me enteré de que Sarah Linton nació el 4 de enero de 1822 y murió el 25 de octubre de 1901 en Washington, D.C.. Tenía 79 años. Está enterrada en el cementerio del Georgetown Visitation Monastery. Las hermanas de la Visitación dirigen una escuela para niñas, la Georgetown Visitation Preparatory School.

• Según el diccionario inglés, aunque la palabra *monastery* podría usarse para referir al lugar donde viven monjes o monjas, las palabras *convent* y *nunnery* son más específicas y por lo tanto preferibles, ya que se refieren únicamente a las monjas (o hermanas).

• Eduardo Facha García, el niño que murió en Linton Hall, murió a fines de agosto de 1954 y ya tenía diez años. Anteriormente, en el artículo sobre él, solo había informado del año de su muerte. No conozco la fecha exacta ni la causa de su muerte. La tragedia golpeó nuevamente a su familia el día de Navidad de 1955, cuando su hermano José María murió solo seis días después de haber nacido de una bronco-------- [escritura ilegible en el certificado de defunción].

• Un artículo del 1957 que enumeraba a funcionarios del gobierno cuyos hijos asistían a escuelas racialmente integradas decía que el hijo de un secretario asistía a LHMS. El artículo también decía que "la Iglesia Católica Romana en la archidiócesis de Washington sigue una política de integración en sus escuelas".[29]

• En 1987, había 55 monjas en Bristow, la mitad del número que había en 1963. Las actividades de ocio incluían jugar a las cartas y visitar a amigos y familiares durante los fines de semana, y las hermanas tenían sus propias habitaciones, muy diferente del tipo de vida que llevaban las monjas en décadas anteriores. Las monjas habían dejado de llevar los hábitos tradicionales y Sister Joan Ann, que estuvo en la escuela durante la década de 1960, ahora incluso se vestía de payaso para entretener a los niños.[30]

• La última foto (2023-2024) de las hermanas en osbva.org muestra solo 24 monjas.

• La edición del 27 de mayo de 1942 de *The Washington Post* incluye una foto de la inspección del Día Militar, con un cadete de 5 años, Bobby R., siendo inspeccionado por un teniente del ejército. Ya era bastante malo que hubiera niños de siete años cuando asistí a LHMS, ¡pero enviar allí a un niño de cinco años!

• Un artículo en el *Washington Post* del 5 de mayo de 1994 conmemora el centenario de la llegada de las monjas y menciona que la escuela ahora tenía 155 estudiantes, el 56% de ellos católicos, y sólo el 40% de los maestros eran monjas.

• La banda de la Linton Hall Military School podía escucharse por la estación de radio WRC durante 15 minutos el 20 de mayo de 1933 y algunas otras veces durante la década de 1930.

• El sábado 12 de mayo de 1934 la Banda de LHMS tocó en la Casa Blanca.

• El Washington Evening Star informó sobre dos posibles fugitivos. Solo publico sus nombres de pila para proteger su privacidad.

---

[29] *Miami News*, 29 de septiembre de 1957

[30] *Free Lance-Star*, 14 de agosto de 1987.

Michael, de 7 años, de Washington, DC, el sábado 7 de septiembre de 1946. Habría tenido que regresar a Linton Hall al día siguiente para comenzar su segundo año. Como su madre se había divorciado y vuelto a casar, era posible que se hubiera escapado para estar con su padre.

John, de 13 años, fue reportado como desaparecido uno o dos días antes del 7 de marzo de 1936 (la fecha del artículo) y se creía que se dirigía a Washington, D.C., donde vivía.

• La Madre Claudia Garvey, OSB, Priora del St. Benedict Convent desde 1922, murió en el Georgetown University Hospital el 24 de marzo de 1961. Tenía 71 años.

• Oscar Dumont Pittman, Jr. murió en Iwo Jima en julio de 1944. Tenía 18 años. Había sido cabo de la Guardia de Color en la Linton Hall Military School.

• Otro ex-alumno que estuvo en Linton Hall aproximadamente al mismo tiempo que yo (el estuvo allí por más tiempo) solía publicar un excelente blog sobre LHMS, que luego eliminó. Sin embargo, al ingresar a archive.org e ingresar lhmscadet.wordpress.com en el cuadro de búsqueda, descubrí que la versión archivada con fecha del 15 de septiembre de 2011 es la recopilación más completa de sus publicaciones.

• Charles Carreon, que asistió a LHMS desde sexto hasta octavo grado y se graduó en 1965 o 1966, escribió sobre un día típico en la vida en Linton Hall. Aunque el enlace que mencioné en mi primer libro ya no funciona, su artículo está disponible en archive.org. En el cuadro de búsqueda, ingrese http://www.american-buddha.com/day.in.life.htm La versión del 13 de mayo de 2013 (entre otras) tiene este artículo.

• Recuerdo que cuando estaba en cama, enfermo de gripe, Sister Vincent, la enfermera de la escuela, enviaba a un cadete que había aprendido primeros auxilios, con mi comida y para tomarme la temperatura. Recuerdo que la comida incluía un poco de carne picada cocida (suelta, no en forma de hamburguesa) sazonada con romero, que era bastante buena y que yo nunca había comido en Linton Hall ni antes ni después. Supongo que era una comida especial; no recuerdo qué más había en la bandeja. Así que pedí el servicio de habitaciones.

Cuando el cadete médico me tomó la temperatura, utilizó un termómetro rectal. Es diferente de un termómetro oral en que el vidrio del termómetro rectal es más grueso. Los termómetros rectales se suelen utilizar sólo en bebés y niños en edad preescolar, que no pueden sostener el termómetro debajo de la lengua sin morderlo y romperlo. Me pregunto cómo les enseñaron a utilizarlo. La única forma que se me ocurre es que practicaron entre ellos; eso me alegra de no haber sido cadete médico. También me di cuenta de que después de sacar el termómetro, lo limpió en el interior de mi pijama. Podría haber utilizado un trozo de papel higiénico en vez.

    Que me obligaran a quedarme en la cama todo el tiempo se volvió aburrido muy rápido, ya que no tenía absolutamente nada que leer, escuchar o hacer. Una de las cosas que deseaba mientras estuve en Linton Hall era un poco de tiempo solo, para pensar. Creo que terminé con demasiado de algo bueno y fui feliz cuando pude salir de la cama.

• Otros han dicho incorrectamente que Sylvester Stallone asistió a la Linton Hall Military School. No fue así. Su hermano Frank Stallone sí asistió, pero solo por un corto período.

• Louis John(?) LeMoine, el bien amado ex-alumno conocido por nosotros como "Louie" que regresó a LHMS donde pasó la mayor parte de su vida haciendo mantenimiento de césped y como vigilante nocturno, nació el 1 o 3 de septiembre de 1927 y murió el 30 de noviembre de 2009. Tenía 82 años. Cuando se registró para la conscripción el 4 de septiembre de 1945, dijo que era alto 1,70 m y pesaba 70 kg. Una fuente dice que su lugar de nacimiento fue Washington, DC; otra dice que es "desconocido". He encontrado poca información contradictoria sobre él.

• Cuando recibí mi diploma, me impresionó que las letras estuvieran grabadas. Hace apenas unos días me di cuenta de que solo estaba grabada la parte del diploma que se aplicaría a la graduación de octavo grado; el nombre de la escuela y el logotipo en la parte superior estaban impresos en offset, para que la impresora pudiese imprimir diplomas para varias escuelas. Además, mi nombre figuraba como "Cadete (Rango) (Nombre)".

• Si buscas a un exalumno en particular en EE.UU. y resulta que su nombre no es muy común, un buen sitio para encontrar personas es truepeoplesearch.com. Este sitio es mejor que los sitios que mencioné en el primer volumen.

• Una vez, cuando llevaba en Linton Hall sólo un par de semanas, Sister Mary David me llamó a su oficina, me presentó a un nuevo estudiante que iba a entrar en LHMS después de que el año escolar había comenzado, y me dijo que lo llevase al comedor y que le pidiera a Sister Benedict, que estaba a cargo de la cocina, que le diera el almuerzo, ya que no había comido. Ella preparó algo frío, posiblemente un sándwich de mortadela y verduras frías (no recuerdo exactamente) con el cartón de leche habitual. El chico probó la comida y me dijo que lo único bueno era la leche. Generosamente me preguntó si quería algo de su comida, y me negué.

• En el capítulo 24 ("Ser "degradado" — el rito de paso de los oficiales") del primer volumen describí cómo varios oficiales perdieron su rango y dije que yo era uno de ellos. Daré más detalles. Otro oficial le dijo a Sister Mary David que yo había hecho algo, cuando en realidad no había hecho nada. Para decirlo de manera menos amable, el mintió. Sister Mary David me dijo inmediatamente que me había degradado, sin ningún intento de obtener los hechos verdaderos, sin un juicio marcial, sin nada. Cuando le conté esto a la prefecta de mi dormitorio, me dijo que durante el verano, cuando hubo una reunión entre las monjas y el comandante para decidir quién sería oficial y cuál sería el puesto de cada uno, estaban inciertos si yo o mi acusador obtendríamos cuál de dos puestos.[31] Resultó que yo había obtenido el más deseable de los dos, es decir, el que implicaba una mayor responsabilidad. Así que me quedó claro que él había mentido para conseguir mi puesto.

Cuando fui a ver a Sister Mary David por la mañana siguiente con mis barras, cordón de oficial, casco de oficial y correa de sable para devolvérselos, ella me dijo que no había dicho que me había degradado, pero que *en lo que a ella respectaba,* y que todavía tenía que discutir esto con el Comandante.

No sé exactamente que pasó, pero sospecho que el comandante intervino en mi favor, y muy posiblemente también intervino mi prefecta de dormitorio (que estaba contenta comportamiento y no quería que me sustituyeran). Así que mantuve mi puesto, pero no el grado, hasta que me lo devolvieron unas semanas después; no recuerdo cuántas.

• En la página 27 del primer volumen escribí sobre un cadete que había hecho una huelga de hambre para enfermarse y tener que dejar Linton Hall, y cómo Bill había tratado de meterle un helado en la boca al chico, con tanta violencia que temí que Bill le rompiera los dientes o, peor aún, que el cadete se ahogara con el helado si se lo metía en la garganta. "Bill" es William Farquhar, en cuya memoria se rebautizó el gimnasio de la escuela. El cadete había subido más tarde en secreto a lo alto de la torre de agua, y cuando lo descubrieron, el comandante le ordenó que

---

[31] Según una fuente familiarizada con el proceso, el comandante redactaba una lista de cadetes, indicando el rango actual de cada uno y la promoción sugerida. La lista empezaba con el rango más alto y terminaba con los soldados rasos. Esta lista constaba de varias páginas, incluidas algunas en blanco al final, donde todas las hermanas que trabajaban en la escuela (prefectas, maestras y otras) escribían sus comentarios. El comandante revisaba los comentarios, pero en última instancia él tenía la última palabra. El mismo proceso se utilizó para las medallas y los premios. Para la cinta de buena conducta, se utilizó toda la lista de la escuela; un "no" y no obtenías la cinta.

bajara. Siempre supuse que se había escondido allí para vigilar en secreto a quienes lo buscaban. Me estremezco incluso al considerar la posibilidad de que pudiera haber considerado el suicidio. No es de extrañar que lograra salir de Linton Hall, ya sea porque lo expulsaron o porque sus padres decidieron que si había hecho tantos esfuerzos para salir, ellos debían sacarlo.

Tenía un nombre y apellido relativamente común, por lo que no he podido localizarlo durante todos estos años. He enviado un folleto sobre mi blog, libro y cuenta de Facebook a las veinte personas del área metropolitana de Washington DC que tienen el mismo nombre, pero no he tenido noticias suyas. Si era una de las personas a las que escribí, entiendo completamente su deseo de no reavivar viejos recuerdos de LHMS. Espero que haya ido a una escuela mejor y no a una peor, y que haya tenido una buena vida. Encontré una foto de alguien con el mismo nombre en Internet que parecía muy feliz, pero como la foto fue tomada muchos años después, no sé si es la misma persona. También encontré una necrología de alguien con ese nombre que nació aproximadamente el mismo año que él, había vivido en los alrededores de Washington y había muerto a los cincuenta y pico años, pero no sé si era la misma persona.

Cuando volví a visitar Linton Hall en 1980, vi que habían colocado una tapa con candado sobre los primeros escalones de la escalera para impedir que alguien subiera sin autorización. También tomé la fotografía de la torre de agua que está en esta página.

• A veces, caminaba por el pasillo del primer piso y veía al comandante caminando hacia mí y lo saludaba con un "Buenos días, señor".

Un día, cuando todavía era relativamente nuevo en LHMS y todavía era soldado raso, me dijo: "[mi nombre], ¿te gustaría guiar al tercer grado a su aula?"

"No gracias," le contesté muy ingenuamente, como lo habría hecho si alguien me hubiera preguntado si quería un tipo de comida que no me gustaba especialmente, y seguí caminando, igual que él.

Mucho más tarde, me pregunté si quizás quería ordenarme que lo hiciera y, si así fuera, por qué no había sido más claro que me estaba dando una orden, como "quiero que lo hagas" o palabras similares. También me pregunté si dirigir el tercer grado era una prueba para medir mis habilidades de liderazgo para un posible ascenso, o quizás, por alguna razón, el oficial que los habría dirigido no estaba disponible y simplemente le preguntó a la primera persona que vio. Sea como fuere, debió percibir que yo pensaba que él estaba tratando de hacerme un favor en vez de darme una orden, y lo dejó así. Supongo que muchos cadetes se habrían sentido halagados por su oferta.

• Lo más sabio que nos dijo el Comandante: Un narcotraficante es alguien que no tocaría las drogas ni con un palo de tres metros, pero que le vendería drogas a su propia madre. (Estoy parafraseando.)

• Lo más sabio que nos dijo Bill, poco antes de nuestra graduación: Muchos de ustedes irán a la universidad, donde los profesores les dirán que no existe Dios. Pero ustedes podrían estar en un armario oscuro, sin oír ningún sonido, sin saber que hay ondas de radio, pero eso no significa que no existan. (Estoy parafraseando.)

• Lo más sabio que me dijo Srister Mary David en una conversación privada fue que buscara la Parábola de los Talentos en la Biblia. Esto fue después de decirme que tenía un coeficiente intelectual alto y que debería tener un mejor rendimiento académico.

Al principio no entendí la parábola de los talentos (Mateo 25:14-30) porque la tomé al pie de la letra y me pregunté cómo se habría sentido el dueño si quienes se arriesgaron con el dinero, en lugar de duplicarlo, lo hubieran perdido todo. Solo después la entendí en términos de aprovechar al máximo las habilidades y los recursos que uno tiene, lo cual se aplica a muchos aspectos de la vida. Para mí, este ha sido un principio importante que ha ayudado a guiar a mi vida.

Esta parábola no se aplica sólo a mí. También se aplica a la vida regimentada en LHMS que hacía hincapié a nuestra capacidad de aprender a tomar nuestras propias decisiones (menciono esto en el Capítulo 24, "Castigos,") pero también se aplicó mucho a Sister Mary David. Ella tenía el poder supremo para hacer que LHMS fuera mucho mejor (incluso si los aspectos de separación por sexo, internado y militar hubieran permanecido) y podría haberlo hecho si en lugar de perder tiempo censurando el correo saliente para ocultar las deficiencias de Linton Hall, hubiera usado ese tiempo para corregir esas deficiencias para que no hubiera nada que ocultar a los padres. Y si hubiera hecho eso, no hubiera habido necesidad de que yo escribiera mi blog y mis libros.

La parábola también se aplica a cómo las monjas de hoy gastan su tiempo y su dinero, como describo en el Capítulo 27, "Los votos benedictinos y el nuevo 'monasterio'".

• Una vez, cuando el Día de la Madre fue el domingo del fin de semana en que íbamos a casa, Sister Mary David entró al aula y nos dijo que escribiéramos una carta a nuestro hogar para decir que debido al Día de la Madre podíamos volver una hora más tarde. Esa hora más fue la única vez en mi vida que recibí un regalo para el Día de la Madre.

• Cuando estaba en séptimo grado, a mí y a otro cadete nos llamaron a la oficina de Sister Mary David. Había un niño al que nos pidió que le mostráramos la escuela: el asfalto y el área verde que se nos permitía usar. Era evidente que el chico tenía retraso mental, aunque no de gravedad. Me sentí halagado (y todavía me siento) de que ella supiera que no éramos de los que nos burlaríamos de él y ni siquiera sintió la necesidad de decirnos que tenía retraso mental o cómo comportarnos.

No sé si lo estaban considerando para la admisión y esta era una manera de ver cómo encajaría, o si sus padres estaban allí simplemente por otra razón y ella no quería que esperase solo. Nunca me pidió a mí ni al otro cadete ninguna opinión sobre cómo se adaptaba el chico al que le mostramos los alrededores, o si le gustaba la escuela. Tenía mi edad y nunca lo volví a ver, ni ese año ni el siguiente, así que estoy bastante seguro de que no vino a Linton Hall. Como muchas cosas que sucedieron, no sé por qué nos pidieron que le mostráramos la escuela.

• La matrícula más alta de Linton Hall fue de 269 niños en 1965.[32]

• A veces había demasiados cadetes para una clase, por lo que se dividía en dos, por ejemplo, 7A y 7B, o 5A y 5B. Contrariamente a los rumores, la clase A no era para estudiantes más inteligentes. Era solo una forma de diferenciar las dos. Oí eso directamente de Sister Mary David.

• La vez que visitamos un submarino (volumen 1, capítulo 22) tuvimos que subir por una escalera para salir del submarino. Todos estábamos amontonados alrededor de la parte inferior de la escalera, en lugar de formar una fila ordenada. Llegó un momento en el que Sister Mary David y yo éramos los únicos en la parte inferior. Le ofrecí que ella fuera antes que yo (como todos los demás tendrían que haber hecho, pero no lo hicieron.) Ella insistió en que yo fuera primero. Fue solo más tarde que me di cuenta de que ella probablemente pensaba que yo le estaba ofreciendo que ella fuera primero para poder mirar debajo de su hábito. Me sentí insultado, ya que ella tendría que haberme conocido mejor que pensar eso.

• Puedo decir con sinceridad que cuando estaba en octavo grado besé a todas las chicas de mi clase. ¡Pero eso fue porque no había chicas!

---

[32] Notas escritas a mano en los archivos de la biblioteca del condado de Prince William, Virginia.

27
Cuando a nadie le importa

Llega un momento en la vida de todos cuando uno se da cuenta de que está completamente solo y de que no hay nadie que pueda ayudarlo o a quien le importe lo que le pase. Para la mayoría de nosotros, mientras crecíamos, incluso cuando no había padres cerca, había parientes, maestros u otras personas que nos cuidaban.

En teoría, las monjas de Linton Hall estaban allí para cuidarnos y protegernos, lo que a menudo — aunque no siempre — era el caso.

Durante mi primer año en LHMS, había muchas cosas que eran nuevas para mí. Un fin de semana en particular, (no me acuerdo si era sábado o domingo,) había un evento que creo que se llamaba Spring Carnival (o sea parque de attracciones de primavera.) Hasta el día del evento, no sabía qué esperar. Incluía varias atracciones, juegos de habilidad dirigidos por las monjas y una "white elephant sale" en el gimnasio, que era algo como una venta de garaje para varias personas. Y, lo mejor de todo, los padres y otras personas podían visitarnos. No todos lo hicieron, y yo era una de los pocos, además de los mexicanos, que no tenían visitas.[33]

Llegó la hora del almuerzo y los mexicanos fueron llamados al comedor. Había una monja a la que no conocía y le pregunté algo como: "¿Y yo? No tengo visitas".

"¿Eres mexicano?" me preguntó.

"No."

Me dijo que el almuerzo era solamente para los mexicanos. No había almuerzo para mí.

Eso hubiera sido impensable en cualquiera de las escuelas a las que había asistido anteriormente. Pero si hubiera sucedido, habría ido a la persona a cargo de la sale de comida, o al director, para explicarle la situación y habría tenido la plena confianza de que me habrían dado el almuerzo.

Pero después de meses en Linton Hall, me resigné al hecho de que hacer eso probablemente hubiera sido inútil, así que ni siquiera me

---

[33] Los mexicanos eran estudiantes extranjeros cuyos padres vivían en México. Se quedaban en Linton Hall durante todo el año académico; sólo unos pocos de ellos viajaban a México para las vacaciones Navideñas.

molesté en intentarlo. Había otros cadetes que estaban en la misma situación que yo. Uno de ellos era mi amigo y caminamos juntos, echando una mirada a los artículos en venta en el gimnasio y mirando con nostalgia a las atracciones a las que no pudimos acceder y a los juegos a los cuales no pudíamos jugar, ya que no teníamos dinero.

Los boletos para los juegos se vendían a diez centavos cada uno; la mayoría de la gente compraba boletos por un dólar o más cada vez. Esos boletos parecían a los que se usaban en el cine. En aquel entonces, diez centavos equivalían a aproximadamente un dólar en la actualidad.

Hay dos razones importantes para utilizar boletoss en lugar de dinero en efectivo.

La primera es que la gente gasta más libremente cuando lo que tiene en mano no parece verdadero dinero, y después de comprar las entradas hay que gastarlas, ya que no valdrán nada cuando se acabe el evento.

La segunda razón es evitar el robo por parte de los empleados. Cada monja que dirigía un juego recibía entradas que no tenían ningún valor para ella, en lugar de dinero que podría verse tentada a robar.

Una de las monjas que dirigía un juego era una que supervisaba ocasionalmente el lugar de recreo; mi amigo y yo la conocíamos y a veces íbamos a platicar con ella, y ese día nos acercamos a ella. Platicamos un rato y fue muy amable al dejarnos jugar a un juego, de esos en los que tiras una pelota e intentas meterla en un agujero para ganar un premio. Nos explicó que era solo para practicar y que si lográbamos tirar la pelota en el agujero, no ganaríamos ningún premio, ya que no habíamos pagado para jugar. Eso es justo.

Así hicimos, platicamos un poco más y, como ella no estaba tan ocupada, otra monja se acercó a hablar con ella. Mi amigo y yo todavía estábamos allí. Me había dado cuenta de que cuando un niño jugaba a un juego, la monja ponía el boleto en una caja de cartón que tenía una ranura en la parte superior. La caja tenía unos 30 cm de lado y estaba en el suelo. Y esos boletos no sólo se podían usar para jugar, sino también para comprar comida. Y la caja me parecía tan cercana...

Mientras las monjas conversaban entre ellas, mi amigo estaba practicando un par de tiros con la pelota y yo pensaba, tramaba algo.

Si alguna vez has intentado sacar dinero de una alcancía sin romperla, sabes a qué desafío te enfrentas. Mi mano era demasiado grande para caber en la ranura y la caja estaba cerrada con cinta adhesiva.

Con el pie, como si hubiera chocado con la caja por casualidad, la incliné de lado y luego otra vez para que quedara boca abajo. Intenté sacudirla un poco sin que se notara. Me arrodillé y puse la mano debajo de ella; cada vez corría más riesgos. Podía sentir los billetes contra la ranura, logré sacar dos y decidí que era mejor parar mientras iba ganando y volver a poner la caja en su lugar. Había tenido mucha suerte de que nadie me había visto, con tanta gente alrededor. Si me hubieran pillado, me habrían dado una paliza. La única incertidumbre habría sido cuántas veces me habrían golpeado con la paleta.

Me sentí mal por lo que acababa de hacer. La monja era una de las más amables y había tenido la amabilidad de dejarnos jugar un partido de práctica, y confiaba lo suficiente en mí como para no estar mirando por encima de su hombro para asegurarse de que no tocara la caja de boletos. La idea de que yo hiciera lo que acababa de hacer probablemente ni siquiera se le había pasado por la cabeza. A mí tampoco se me habría pasado por la cabeza si me hubieran dado de comer. Y allí estaba yo, un ladrón que había sido tan bajo como para traicionar la confianza de alguien.

Como he dicho, diez centavos equivalían a un dólar de hoy. Con dos billetes podía conseguir dos barritas de chocolate, dos vasos de refresco o uno de cada uno. No podía compartirlo con mi amigo porque tendría que haberle explicado cómo había conseguido los billetes y él podría haberle dicho a otra persona sin querer y, con el tiempo, la noticia se habría corrido. Era un riesgo demasiado grande para mí.

Le dije a mi amigo que iba a caminar un poco y me dirigí a la *canteen* a comprarme algo de comer.

Por lo general, la *canteen* estaba abierta después de la escuela, donde cada uno de nosotros podía obtener un dulce de su elección; otras veces, a todos nos daban la misma cosa. Esta vez, sin embargo, la puerta lateral de la *canteen* estaba abierta y en el exterior había una parrilla con salchichas y hamburguesas cocinándose. Tuve la misma sensación que cuando bajábamos a cenar, olía a carne asada o pollo frito que venía del comedor de las hermanas, y lo nos daban a nosotros eran salchichas y frijoles.

Me acerqué a una de las ventanillas y pedí lo que pude por mis dos boletos. Por casualidad me acerqué a la ventanilla donde trabajaba uno de los cadetes. Yo sabía su nombre y él probablemente sabía el mío, pero no éramos amigos; apenas nos conocíamos. No sé si le pagaban por trabajar o simplemente lo habían reclutado para ello.

No sé si me preguntó si tenía visitas o simplemente se dio cuenta, pero después de que le di mis dos boletos me dijo algo como "¿Qué más quieres? ¿Quieres una hamburguesa? Me diste suficientes boletos para eso". Yo no era muy astuto, pero me di cuenta de lo que quería decir antes de poder decir "Pero si solo te di dos boletos".

Naturalmente, le dije que sí.

Me dió una hamburguesa, e incluso me preguntó si también quería papas fritas, y de nuevo le dije que sí.

Lo agradecí de manera informal, sabiendo que no podía mostrar demasiada gratitud o causaría enormes problemas para los dos. Ahora que lo he pensado, estoy bastante seguro de que si nos hubieran pillado, no solo nos habrían pegado una paliza, sino que ninguno de los dos habría acabado siendo oficial cuando llegaríamos al octavo grado.

No quise abusar de su generosidad volviendo a su ventanilla, así que no volví a la *canteen*. Tampoco podía contarle a nadie lo que había hecho y arriesgarme a que lo castigaran por haber hecho una buena acción. Pero sí me di cuenta de que un par de cadetes que no tenían visitas también habían podido conseguir algo de comida. ¿También habían sido alimentados por mi benefactor? ¿Habían robado entradas como yo? No pregunté.

Ese cadete se había puesto en peligro al hacer una buena acción por alguien a quien apenas conocía. Sus acciones contrastaban mucho con las de la monja a quien no le importaba en lo más mínimo que yo no recibiera el almuerzo.

En ese momento me sentí culpable por robar las entradas y la hamburguesa, pero ahora que lo pienso, no era robar. Los padres de todos pagaban el alojamiento y la comida. LHMS tenía la obligación de alimentarnos. Aunque los padres que nos visitaban solían llevar un buen almuerzo para picnic, no todos teníamos visitas ese día. Esto no era robar, al igual que no es robar prepararse un emparedado al volver a casa de la escuela. Y en casa podías comerlo sin miedo de que te golpearan varias veces con un palo de madera.

Probablemente nunca podré agradecer personalmente a mi benefactor, pero espero que él pueda leer estas palabras.

Jesús preguntó: "¿Hay alguno entre ustedes que, si su hijo le pide pan, le dará una piedra?"[34] La respuesta es rotundamente sí.

---

[34] Mateo 7:9. El versículo 11 continúa diciendo: "Pues si vosotros, siendo malos, sabéis dar buenas dádivas a vuestros hijos..."

28
Fuera de límites: los edificios de Linton Hall

Además del edificio principal, los únicos edificios a los que normalmente se nos permitía ir eran el arsenal (donde se guardaban los rifles de instrucción y el equipo de acampada) y la *canteen* (nos quedábamos afuera mientras conseguíamos dulces.) Las pocas veces que íbamos a la piscina también íbamos al vestuario/baño, y para la graduación tuvimos misa en la capilla en el convento.

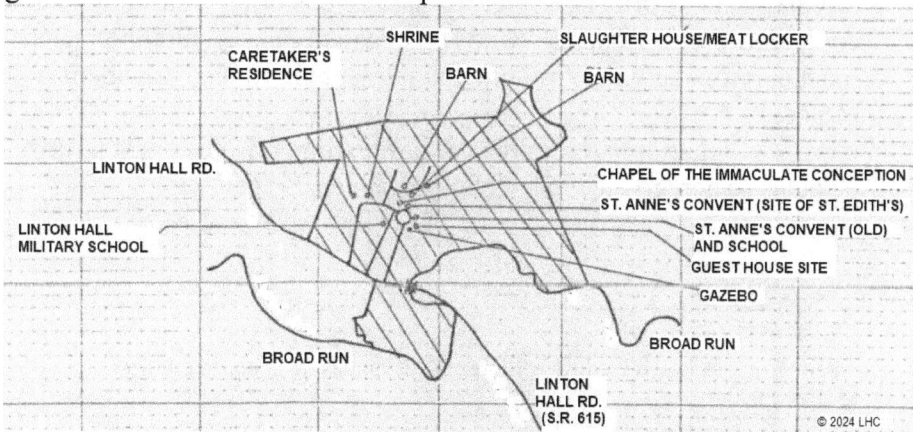

Además, había muchos otros edificios en el terreno.

Una encuesta realizada en 1976[35] indica que, además del convento (que en ese momento todavía se llamaba Saint Anne's Convent), había varias residencias pequeñas y edificios agrícolas, incluido un establo lechero construido en la década de 1930 y que en 1976 se usaba como taller, un establo para ganado construido en 1915 y un matadero/cámara de carne. Aunque todavía estaban en pie, estos edificios ya no se utilizaban para su uso original, lo que ya ocurría a fines de la década de 1960, cuando asistí a LHMS; se tiempo, nuestra leche venía en cartones, pero en 1948 Linton Hall había comprado 35 vacas Guernsey,[36] y unos cadetes que asistieron décadas antes que yo

---

[35] Virginia Historic Landmark Commission Survey, archivo 76-173, año 1976.

[36] Johnston, Sister Helen, *The Fruit of His Works*. Bristow, Va.: Linton Hall Press, 1954

contaban que la leche y algunas de las verduras que consumían provenían de la granja de Linton Hall.

Entre los edificios que aún se conservaban en 1976 se encontraba la capilla, que sustituyó a la capilla original de ladrillo construida entre 1894 y 1901 y demolida en los años 1930, y que fue reconstruida en el mismo lugar.

Saint Joseph Institute y su iglesia fueron demolidos en la década de 1960 y se construyó en el lugar una residencia para el cuidador.

La Saint Edith's Academy fue demolida en la década de 1950 y en su sitio se construyó el Saint Anne's Convent.

La casa de huéspedes, construida en 1928, estaba por ser demolida en 1976.

En cuanto al edificio que conocíamos tan bien, se construyó en fases, primero como un edificio de una sola planta, sin el ala de aulas y sin el gimnasio. Las habitaciones que recuerdo que se usaban como oficinas, sala de arte, enfermería y sala de costura se usaron inicialmente como dormitorios, con los baños en el sótano. Un ex-alumno que asistió mucho antes que yo afirmó que inicialmente las duchas estaban en el sótano.

El segundo y tercer piso se agregaron unos años más tarde; el ala de aulas se agregó en 1951 y el gimnasio en 1956.

Abajo: Primera fase del edificio Linton Hall, finales de la década de 1940.

29
Votos benedictinos y el nuevo 'monasterio'

Las mujeres y los hombres que ingresan a una orden religiosa para convertirse en monjas, hermanas, monjes o hermanos generalmente toman votos de pobreza, castidad y obediencia.[37]

Los benedictinos, sin embargo, hacen tres votos: 1) obediencia, 2) estabilidad y 3) fidelidad (o conversión) al estilo de vida monástico.[38]

El voto de obediencia es el mismo que para las demás órdenes. Los demás requieren una explicación.

Estabilidad significa estar vinculado a una comunidad monástica particular por el resto de la vida.

El tercer voto, llamado "fidelidad al modo de vida monástico" o "conversión al modo de vida monástico," implica seguir las reglas, costumbres, tradiciones, etc. del monasterio[39] al que uno se hace miembro. Los benedictinos afirman que esto también implica pobreza y castidad.

Pobreza no se refiere al significado común, es decir, la falta de dinero y bienes. En el caso de las órdenes monásticas, significa la propiedad comunal de bienes, de modo que, aunque ningún individuo es propietario exclusivo de ningún bien, la propiedad es utilizada por toda la comunidad.

---

[37] En el caso de los sacerdotes, la situación es diferente, ya que normalmente no se exige voto de pobreza. Se les permite poseer propiedades, pero no hasta el punto de dedicarse a actividades como dirigir un negocio, administrar el dinero de otros, etc. En la práctica, los párrocos católicos viven como si hubieran hecho voto de pobreza, ya que son los peor remunerados de todas las denominaciones religiosas, cristianas o no.

[38] "2023 Vocation Supplement", *The Criterion,* 11 de noviembre de 2023, publicado por la Arquidiócesis de Indianápolis. Disponible en https://w.archindy.org/criterion/local/2023/11-03/s-benedictines.html
Otra descripción de los votos benedictinos la proporciona el Our Lady of Grace Monastery en Indiana, disponible en benedictine.com/benedictine-vows

[39] En inglés, es preferible utilizar los términos más específicos de *convent* o *nunnery* para mujeres y *monastery* exclusivamente para hombres, pero también es aceptable utilizar el término *monastery* para mujeres. En este capítulo utilizo el término *monasterio* para referirme a las residencias de órdenes religiosas de ambos sexos.

Esto puede parecer una situación poco común, pero en realidad hay situaciones parecidas fuera de los monasterios. La más común de ellas es el matrimonio. Normalmente, la casa es propiedad conjunta del marido y la mujer, al igual que su contenido y las cuentas bancarias conjuntas. Los hijos de la pareja no poseen prácticamente nada: sólo su propia ropa y algunos objetos personales. Aunque son "pobres" en términos de ingresos y bienes, se benefician del uso de la propiedad de sus padres, por lo que un hijo con padres ricos puede disfrutar de un estilo de vida lujoso siendo tan "pobre" como aquellos que han hecho voto de pobreza.

Otro ejemplo son las comunas, popularizadas por los hippies en los años 60. Algunas de ellas todavía existen hoy en día.

Tradicionalmente, las personas pertenecientes a órdenes religiosas vivían en circunstancias modestas. Por ejemplo, hace muchas décadas, las monjas del convento de Bristow vivían en dormitorios parecidos a los que teníamos en Linton Hall, con una sábana colgada entre las camas para proporcionar algo de privacidad. Las monjas que eran prefectas tenían un alojamiento mejor, ya que tenían una habitación individual con baño privado, que era bastante cómoda, sin ser lujosa. Los primeros dos años que estuve en la universidad compartí una habitación (un poco más grande que la asignada a las prefectas) con un compañero de habitación, y compartí el baño con él también. Los últimos dos años pude mudarme a una habitación individual, un poco más pequeña que la de la prefecta del dormitorio, pero aún así tuve que compartir el baño con otro estudiante, por lo que el alojamiento de la prefecta ciertamente no era peor que el del estudiante universitario típico.

En Linton Hall, a veces olíamos el aroma de un bistec, de un estofado o de un pollo asado cuando bajábamos a cenar, pero nos decepcionábamos al descubrir que en nuestra cena había un sándwich de mortadela y que el olor provenía del comedor de las hermanas. Así que sé que comían bien, mucho mejor que nosotras. Como varias de las monjas eran obesas, sé que también les daban suficiente comida y que su alojamiento y sus comidas eran mejores que en un hogar pobre.

Sin embargo, creo que el nuevo "monasterio" que se ha construido recientemente es más adecuado para un complejo residencial de jubilados de alto nivel que para monjas que se han comprometido a vivir en la pobreza.

Según informes de prensa, en octubre de 2022 las hermanas Benedictinas se mudaron del Saint Benedict's Monastery, un "edificio de ladrillo antiguo... construido a mediados de la década de 1960,"[40] a un monasterio recién construido de 4.270 metros cuadrados que incluye 30

---

[40] "Benedictine Sisters of Virginia plan to build a new monastery." *Arlington Catholic Herald,* 5 de junio de 2019. Disponible en https://www.catholicherald.com/article/local/benedictine-sisters-of-virginia-plan-to-build-a-new-monastery/

apartamentos residenciales, una cocina comercial completa y un comedor, un centro de negocios que incluye salas de conferencia y oficinas, una capilla, una biblioteca y un consultorio médico y de físicoterapia.[41] Aquí podrán vivir hasta treinta monjas, aunque dudo que haya tantas en el convento, ya que una foto reciente sólo muestra veinticuatro, y creo que el número irá disminuyendo cada año porque las vocaciones han perdido popularidad.[42]

La superficie por habitante asciende a un poco más de 140 metros cuadrados. Una familia de cuatro personas que tuviera la misma superficie por habitante viviría en una casa de 560 metros cuadrados, llamada más apropiadamente mansión.

El costo del nuevo edificio fue de 11 millones de dólares, sin incluir el costo del terreno, que ya era propiedad de la Orden Benedictina. La construcción se pagó con aproximadamente 3 millones de dólares en donaciones y la mayor parte de la venta a promotores inmobiliarios de una parte del terreno que pertenecía a las Benedictinas, así como de la venta de una antigua escuela en Richmond. El artículo también dijo que las hermanas siguen recaudando fondos para demoler el antiguo edificio del monasterio y la capilla… [y] planean crear un jardín de oración en el espacio."[43]

El artículo cita a Sister Joanna, quien dijo que los benedictinos solían enseñar, servir como directores o ministros en parroquias locales, pero actualmente ninguna hermana trabaja fuera del monasterio. La autora del artículo continuó diciendo que, como parte del "ministerio de hospitalidad" de las hermanas, los terrenos están abiertos a los huéspedes desde el amanecer hasta el anochecer y ofrecen espacios abiertos para caminar y orar entre plantaciones autóctonas, jardines y un laberinto de oración.

Una parte del edificio se utilizará para "ministerios" como el de inglés como segundo idioma y el de asesoramiento (los benedictinos cobran por estos servicios). Pero la mayoría de la gente, no sólo las familias que viven en casas de 560 metros cuadrados, invitan a la gente a cenas o fiestas, a las que no se refieren como "ministerios de hospitalidad". A menudo, un niño ayuda a otro con sus tareas escolares

---

[41] Según el constructor, Trinity Group Construction https://trinitygc.us/trinity-selected-to-construct-new-monastery-for-benedictine-sisters-of-virginia/

[42] En 1991, había 50 hermanas, 43 de las cuales vivían en el convento de Bristow; las demás vivían y enseñaban en otros lugares. *Potomac News,* 21 de septiembre de 1991, página A2.

[43] "Benedictine Sisters' new monastery in Bristow is a welcoming 'place for all'" por Leslie Miller, *Catholic Herald,* 12 de diciembre de 2022. Disponible en https://www.catholicherald.com/article/local/benedictine-sisters-new-bristow-monastery-is-a-welcoming-place-for-all/

sin cobrar nada, o un adulto ayudará a alguien, o invitará a los vecinos a una visita guiada del jardín, también sin cobrar nada.

La vida para aquellos que han hecho voto de pobreza parece bastante agradable, ¿no es cierto?

Los benedictinos de hoy viven una vida mucho más cómoda (algunos la llamarían lujosa) que la que vivían las monjas cuando yo asistí a Linton Hall. En esos tiempos, las monjas que eran prefectas de dormitorio, y la directriz, también enseñaban en el aula. Además, iban a misa y rezaban, pero no en un "laberinto de oración." Las monjas más jóvenes cuando yo asistí tenían poco más de veinte años. Es probable que muchas de ellas sigan vivas. Seguramente se preguntaron si los laberintos de oración eran coherentes con sus expectativas de la vida a la que se comprometieron por toda vida.

El 9 de septiembre de 2017 se llevó a cabo un evento de "Paseo por el laberinto como oración" que incluía la "antigua práctica utilizada por muchas religiones diferentes para el centrado espiritual, la contemplación y la oración" dirigido por Sister Andrea Westkamp, por una "donación sugerida" de US$20.[44]

Aunque existen laberintos en muchos lugares del mundo, incluido en el suelo de la catedral de Chartres, no hay pruebas de que tengan raíces cristianas ni de que hayan formado parte de las oraciones cristianas del pasado. Sin embargo, son un aspecto importante de las prácticas y creencias de la "nueva era". "Los defensores del laberinto ponen el énfasis en los poderes místicos del yo interior, no en el Dios trascendente del cristianismo tradicional."[45]

El mismo artículo continúa diciendo que Lauren Artress, la principal promotora del movimiento del laberinto, "menciona 'la Fuente', 'lo Sagrado' y 'el Dios interior', que ha sido "destruido a través de siglos de dominación patriarcal, a través de temores a la creatividad y a los rasgos asociados con lo femenino."

La catedral de Chartres incluso colocó un cartel que decía que los laberintos "no pueden ser un lugar mágico donde el hombre extrae fuerzas ocultas de la Tierra. Eso sería (si uno lo hiciera) una perversión de los constructores/creadores. Porque al hacerlo, uno sustituiría al hombre en el lugar de Dios".[46]

---

[44]https://www.benedictinepastoralcenter.org/labyrinth-walk-as-prayer.html

[45]"Maze Craze: Labyrinths Latest Fad for Spiritual Seekers", por Mark D. Tooley. The Fellowship of St. James, septiembre de 2000. Disponible en https://www.catholicculture.org/culture/library/view.cfm?recnum=3440 Mark Tooley dirige el United Methodist Committee of the Institute on Religion and Democracy en Washington, DC.

[46] Ibid.

Sin duda, hay quienes, al caminar por un laberinto, se dedican a la oración cristiana. Pero esto es igualmente cierto para quienes realizan muchas otras actividades, como caminar, hacer jardinería, viajar en autobús o acostarse en la cama. La oración no tiene por qué realizarse únicamente en una iglesia o capilla.

¿Cuánto costó todo esto? Se necesitaron cuatro años para construir el laberinto y los "silos de la paz," con un costo estimado de 568.800 dólares, de los cuales 132.500 dólares fueron solo para el laberinto.[47] Eso fue en 2006; el costo sería mucho mayor al día de hoy.

El artículo que he citado cita a las hermanas diciendo que este proyecto "ayudará a quienes están en el camino hacia una vida espiritual más equilibrada." El artículo sigue diciendo que hay "40 'palos de la paz' que honran la universalidad de la humanidad expresada en varios idiomas." Según Sister Louise Dowgiallo, las hermanas "ofrecen este hermoso santuario al aire libre lleno de oración a cualquiera que busque una experiencia espiritual significativa." ¡Qué tonto que soy! Yo creía que para una "experiencia espiritual significativa" se iba a misa.

Ni una sola vez aparecen las palabras *Dios, Jesús, Cristo, cristiano* o *Biblia* en las aproximadamente 5.300 palabras del artículo, aunque para ser justos, el artículo no fue escrito por las hermanas benedictinas y es posible que hayan usado esas palabras y no las hayan citado. Pero las palabras espíritu y espiritual sí aparecen entre comillas.

Gastar tanto tiempo y dinero en construir y promover un laberinto como lugar de oración parece muy alejado de la creencia cristiana, y creo que esto es algo en lo que los cristianos, especialmente los miembros de una organización religiosa, no deberían involucrarse.

Por lo que sé, tanto el nuevo edificio como la vida cotidiana de las monjas son muy diferentes de cómo era la vida en el convento de Saint Anne en Bristow hace décadas. Me pregunto qué piensan las monjas ancianas, las que se unieron a la Order of Saint Benedict hace cincuenta o sesenta años, sobre en lo que se ha convertido esta orden.

---

[47] "Benedictine Sisters of Virginia Building 'Place of Peace'" por Benny Scarton, Jr., *Potomac News,* 10 de marzo de 2006, página A5.

30
¿Las monjas deberían dirigir escuelas militares?

Solía creer que Linton Hall era la única escuela militar para chicos que no habían cursado la secundaria, pero no es así. En 1956, cuando la popularidad de las escuelas militares estaba cerca de su apogeo, había al menos dieciséis escuelas militares para chicos de entre 6 y 16 años dirigidas por monjas católicas. Además de la Linton Hall Military School, entre ellas se encontraban:

• St. Catherine Military School, Anaheim, California, fundada por las Dominican Sisters en 1889. Es irónico que Disneyland, que se autoproclama como "El lugar más feliz de la Tierra," se construyera en la misma ciudad que una escuela que, de ser similar a LHMS, habría estado lejos de ser feliz.

• Barbour Hall Junior Military School, Nazareth, Michigan, fundada por las Sisters of St. Joseph en 1902. Sí, Nazaret; la ironía no se detiene.

Otras órdenes católicas que dirigían escuelas militares para niños de escuela primaria e intermedia eran las hermanas de la Misericordia (que habría sido un nombre muy inapropiado para muchas o la mayoría de las monjas que conocí en Linton Hall,) las hermanas de la Divina Providencia, las Ursulinas, las monjas de la Presentación, las hermanas de San Francisco de la Penitencia y la Caridad Cristiana y las hermanas del Apostolado Católico. El artículo no menciona otras órdenes, pero es posible que algunas de ellas dirigieran más de una escuela militar.[48]

Esto plantea serias dudas sobre la compatibilidad de una escuela militar, especialmente una para niños de tan corta edad, con la doctrina católica. Los niños pequeños son impresionables y maleables, ya que son naturalmente confiados y buscan instintivamente orientación y modelos a seguir para admirar y emular. En el capítulo 7 escribí sobre las enseñanzas benedictinas de obediencia incondicional a la autoridad, y en

---

[48] "Nuns Conduct 16 Military Schools." *Eastern Montana Catholic Register,* 13 de junio de 1956

el primer volumen (casualmente también el capítulo 7) escribí sobre la obediencia ciega sin escrúpulos morales.

Este tipo de cumplimiento comienza de manera bastante inocente, con la obediencia a órdenes (no solicitudes) relativamente menores e inocuas. En Linton Hall, esto implicaba seguir órdenes mientras se marchaba, o doblar la ropa interior de la manera prescrita. Podría haber llegado a donde íbamos si hubiera marchado sin seguir el paso, y mi ropa interior habría permanecido igualmente ordenada y accesible si en lugar de doblarla en cuatro partes la hubiera doblado por la mitad, la hubiera enrollado o simplemente la hubiera dejado en el estante.

Hice lo que me dijeron para evitar consecuencias negativas, como todos lo hacíamos. Lo más importante es que, dado que doblar mi ropa interior de la manera prescrita no planteaba ningún problema moral, ni afectaba a mi salud, ni causaba ningún otro problema importante en mi vida o en la vida de los demás, no reflexioné conscientemente sobre todas estas cuestiones; seguir esa regla fue simplemente una reacción instintiva de mi parte.

Pero esa reglamentación elimina el incentivo natural de pensar por si mismo. Se ha dicho sobre la marcha que "marchar desvía los pensamientos de los hombres. Marchar mata el pensamiento. Marchar pone fin a la individualidad."[49]

Se crea una pendiente resbaladiza en la que las órdenes menores se intensifican y a veces empiezan a implicar graves problemas de moralidad, salud y seguridad, entre otros.

En LHMS, la moralidad entró en juego cuando hice la vista gorda ante la forma en que se humillaba a los que se hacían pis en la cama. Como oficial, conocía a todos los demás oficiales (algunos mejor que otros, por supuesto,) pero ni una sola vez en mi año como oficial llamé a alguien aparte y le sugerí que mostrara misericordia en lugar de causar humillación. Aunque nunca obligué a nadie a usar su pijama empapado de orina alrededor del cuello (o al menos espero no haberlo nunca hecho, y que no estoy reprimiendo el recuerdo por vergüenza,) tampoco hice nada para detenerlo. Las monjas que eran prefectas de dormitorio, así como la directriz y el comandante ciertamente tenían el poder de detener esta "tradición" con solo unas pocas palabras, pero con su silencio dieron su aprobación tácita.

La salud y la seguridad entraron en juego cuando un "cadete médico" le dió una pequeña pastilla blanca a todos los que estaban en el dormitorio y les dijo que se la tomaran, negándose a decir qué era ni para qué servía. Hice como que la tomaba y luego la escupí a escondidas. Cuando le conté a mi madre sobre el incidente cuando volví a casa el fin

---

[49] Rauschning, Herrmann, *The Revolution of Nihilism*. Chicago: Alliance Book Corporation, 1939, pág. 48

de semana, me dijo que debería haberla tragado. Ni ella ni yo no teníamos idea de qué fuese. Como estábamos a finales de los años 60, bien podría haber sido LSD o alguna de las muchas otras drogas peligrosas. Hoy podría ser crack o fentanilo.

Mucho tiempo después de que dejé Linton Hall, me pidieron que hiciera algo ilegal en dos empresas donde trabajé. En ambas ocasiones me negué, y en ambas tuve la suerte de que no hubo repercusiones negativas, pero no sabía cuáles serían las consecuencias y realmente necesitaba el trabajo, en un momento en que la tasa de desempleo era bastante alta. Eso no me hace el tipo de persona en que LHMS estaba tratando de convertirme, y definitivamente no era alguien que hubiera ascendido a oficial si las monjas y el comandante hubieran podido leer mi mente, y ciertamente no era alguien que los militares querrían, ni siquiera como recluta.

Esto plantea la cuestión de hasta qué punto es compatible el ejército con la doctrina católica, una cuestión que fue abordada en un artículo de Pat Elder en *US Catholic:*

"Los jóvenes de las escuelas católicas se alistan en un ejército que exige la subordinación de la doctrina católica al mando militar. Para muchos, los vestigios de [doce] años de educación católica se borran en unas pocas semanas de entrenamiento básico.

Nuestros alumnos de secundaria que se alistan hacen un juramento que exige obediencia a las normas del Ejército, incluido el Manual de campaña del Ejército, que establece: "Sus valores personales pueden y probablemente se extiendan más allá de los valores del Ejército, para incluir cuestiones como creencias políticas, culturales o religiosas. Sin embargo, si va a ser un líder del Ejército y una persona íntegra, estos valores deben reforzar, no contradecir, los valores del Ejército."

Jesús dijo que nadie puede servir a dos amos."[50]

El Quinto Mandamiento dice: "No matarás". No va seguido de una lista de excepciones a las que no se aplica este Mandamiento. Sin embargo, hay situaciones en las que la mayoría de la gente diría que matar está justificado, siendo la más obvia la de impedir que uno mismo o que otros sean asesinados.

Existe un concepto conocido como la teoría de la guerra justa, que proporciona criterios para determinar si una guerra particular es

---

[50] "Halt the Military Invasion of Catholic Schools," por Pat Elder, *US Catholic*, 3 de junio de 2015. Disponible en https://uscatholic.org/articles/201506/halt-the-military-invasion-of-catholic-schools/

Pat Elder es maestro en escuela católica y director de la National Coalition to Protect Student Privacy.

moralmente justificable. San Agustín de Hipona (354-430 A.D.) fue el primero en definir este concepto, al afirmar que la guerra no viola el Quinto Mandamiento si se libra en obediencia al mandato divino o siguiendo la sabiduría del gobernante o gobierno.

Obviamente, este es un argumento débil, ya que no hay manera de saber si una orden de hacer la guerra es de origen divino, y cada parte puede afirmarlo (y a menudo lo hace) y tal vez hasta crea que está obedeciendo una orden divina. Del mismo modo, la sabiduría de un gobernante o gobierno es completamente subjetiva y, en este caso, también es algo que cada parte suele creer acerca de sus propios gobernantes.

El Tercer Concilio de Letrán, en 1179 A.D., no hizo mucho para abordar la cuestión, sino que solo promulgó días en los que no se podía hacer la guerra: los domingos, los jueves, ciertas fiestas religiosas y todo el tiempo de Cuaresma y Adviento.

Un argumento algo mejor para la teoría de la guerra justa fue presentado por Santo Tomás de Aquino, quien en su *Summa Theologica,* escrita en el siglo XIII A.D., afirmó que la guerra no siempre es un pecado si 1) se lleva a cabo bajo el mando de un soberano legítimo, 2) se hace por una causa justa, para vengar algún tipo de mal o recuperar algo tomado injustamente y 3) con la intención de promover el bien y evitar el mal.

El primer criterio casi siempre lo cumplen los dos bandos implicados en la guerra. Los otros dos criterios también suelen cumplirse, ya que cada bando suele creer (o se hace creer a los soldados) que su bando está luchando por una causa justa, promoviendo el bien y combatiendo el mal.

El Papa Francisco abordó el mal uso del concepto de guerra justa: "Si los ladrones entran en tu casa para robarte y atacarte, te defiendes. Pero no me gusta llamar a esta reacción una reacción de 'guerra justa,' porque es una definición que puede ser instrumentalizada. Es justo y legítimo defenderse." Agregó que es mejor discutir las situaciones de legítima defensa, "para evitar justificar las guerras, que siempre son malas."[51]

El padre William Saunders publicó un buen artículo sobre el concepto de guerra justa en el *Arlington Catholic Herald.*

Afirma que para que una guerra sea justa debe 1) ser por una causa justa, es decir, para hacer frente a un peligro incuestionable, 2) ser declarada por la autoridad gubernamental competente que actúe en nombre de su pueblo, 3) ser por los objetivos declarados, sin motivos

---

[51] "Pope calls for global cease-fire; says humanity is on brink of abyss," por Carol Glatz, *Catholic News Service,* 29 de enero de 2024 Disponible en https://www.catholicherald.com/article/global/pope-francis/pope-calls-for-global-cease-fire-says-humanity-is-on-brink-of-abyss/

ulteriores, 4) hacerse como último recurso, es decir, después de que los intentos de negociación hayan fracasado, 5) ser proporcional, de modo que el bien logrado no sea superado por el daño causado, 6) y tener una probabilidad razonable de éxito. Además, afirma que "las fuerzas armadas deben luchar contra fuerzas armadas y deben esforzarse por no dañar a los no combatientes deliberadamente. Además, las fuerzas armadas no deben destruir deliberadamente el campo, las ciudades o la economía del enemigo simplemente por el bien del castigo, la represalia o la venganza."[52]

Desde el comienzo de la humanidad, la guerra siempre ha estado acompañada de atrocidades, como violaciones, saqueos, sadismo, asesinatos de prisioneros desarmados y otros tipos de maldad. En los últimos cien años la distinción entre combatientes y no combatientes ha sido completamente borrada con el uso de armas químicas y nucleares y una proliferación de bombas que causan muertes y mutilaciones que continúan durante décadas después del fin oficial de la guerra, debido a las minas terrestres y las municiones no explotadas.

He dado a los lectores y a mí mismo algo en lo que pensar y he incluido enlaces a un par de artículos interesantes. Se trata de un tema difícil y no tengo respuestas fáciles.

Mi única conclusión es que la escuela militar es más que marchas y uniformes. Es un mundo regimentado que, al programar cada minuto y prescribir una forma de hacer cada actividad, sofoca el pensamiento, el crecimiento personal y mata el alma. Y ese es su peor aspecto.

---

[52] Saunders, Padre William. "The Church's Just War Theory (Part 1)" publicado originalmente en el *Arlington Catholic Herald,* disponible en https://catholiceducation.org/en/culture/the-church-s-just-war-theory-part-1.html
El Padre William Saunders es párroco de la parroquia Our Lady of Hope en Potomac Falls, Virginia. Es decano de la Notre Dame Graduate School de Christendom College.

31
Últimos pensamientos

Ha pasado más de medio siglo desde que me gradué en Linton Hall. La zona que la rodea se ha vuelto densamente poblada y los informes de tráfico a menudo mencionan atascos en Linton Hall Road. Cada vez que escucho ese nombre agradezco a Dios que ya no estoy en la LHMS.

En Linton Hall me robaron parte de mi infancia de forma irreparable. Y, sin embargo, al igual que los niños cuyos padres son fumadores empedernidos o bebedores ven las consecuencias de primera mano y aprenden a no consumir ni lo uno ni lo otro en exceso, o a no consumirlo, decidí que no quería crecer para ser como el comandante, Bill o muchas de las monjas. No quería abusar de mi poder contra los débiles e indefensos, como ellos solían hacer. En resumen, a lo largo de mi vida he hecho lo mejor que pude de tratar a los demás como me hubiera gustado que me tratasen a mí si los papeles se hubieran invertido.

Esto no pretende ser una crítica general de los adultos de Linton Hall. Muchos de ellos, y en muchas ocasiones, también fueron justos, compasivos y misericordiosos, pero esa debería haber sido la regla, no la excepción.

En este punto, creo que ya he dicho todo lo que tenía que decir sobre la Linton Hall Military School. He logrado mi objetivo de dejar un registro permanente de cómo fueron nuestras vidas.

Mis queridos ex-alumnos, es posible que nunca más volvamos a saber el uno del otro, y le deseo a cada uno de ustedes todo lo mejor. Espero que en los años transcurridos desde que dejaron Linton Hall, hayan podido disfrutar de las cosas buenas de la vida, de las cosas de las que se vieron privados mientras estuvieron en Linton Hall.

Como resultado de haber sido enviado allí, desarrollé un aprecio más profundo por la libertad, la privacidad, la capacidad de controlar cómo uso mi tiempo, así como la buena comida, la fruta fresca y la capacidad de viajar lejos de Bristow, Virginia y disfrutar de la belleza y las oportunidades que ofrece el mundo. Adiós a todos, y gracias por leer mis experiencias y opiniones, por compartir las vuestras y por invitar mi libro a vuestro hogar.[53]

---

[53] Los dos últimos párrafos fueron copiados de los dos últimos párrafos del primer volumen, con pequeñas modificaciones. Consideré que esta era también la mejor manera de terminar el segundo volumen.

Apéndice A
Lista de hermanas en
el cementerio de Linton Hall

El cementerio está rodeado por los terrenos de la escuela. Está abierto a todos, pero aconsejo que llamen a la escuela antes de visitar para preguntar cuándo se puede visitarlo y adonde se puede conducir y estacionar, ya que hoy en día las escuelas son comprensiblemente recelosas de que haya extraños en los terrenos de la escuela.

Con la piscina a la izquierda y la torre de agua a la derecha, sigan hacia el norte por el camino por unos 160 metros desde la piscina.

Esta es una lista de aproximadamente 120 hermanas enterradas en el cementerio de Linton Hall, ordenadas alfabéticamente por apellido. En muchos casos, el nombre *Mary* está abreviado como *M.*

El Apéndice B enumera otras personas enterradas en el cementerio de Linton Hall que son de interés para los ex-alumnos de Linton Hall.

Los miembros de la familia Linton están enterrados en un cementerio diferente, pero cercano. Véase el Apéndice C.

Sister Irene Alexander
24 de julio de 1925 - 17 de noviembre de 2009

Sister M. Ethelreda Altman
1911 - 1990

Sister Theresa Anderson
22 de abril de 1932 - 1 de julio de 2013

Sister Jerome Ashbaugh
1901 - 2002

Sister Margaret Mary Bevans
1896 - 8 de abril de 1921

Sister Mary Ellen Black
30 de marzo de 1927 - 8 de junio de 2024

Sister Agatha Blair
1875 - 1945

Madre Alphonse Bliley
1866 - 1943

Sister Genevieve Bliley
1909 - 1994

Sister M. Antoinette Bliley
1897 - 1976

Sister M. Angela Borneman
1871 - 1957

Sister Julia Antoinette "Scholastica" Bridge
Septiembre 1887 - 1978

Sister Veronica Bridge
1848 - 1914

Sister Anastasia Brue
1877 - 1925

Sister Walburg Brunner
1866 - 1932

Sister Laurence Bucher
11 de abril de 1926 - 24 de mayo de 2014

Sister Martha Buhl
1868 - 1954

Sister M. Mechtilde Butz
1908 - 1970

Sister Rosalia Choma
14 de junio de 1916 - 28 de septiembre de 2009

Sister Aloysia Clare
1863 - 1930

Sister M. Dolores Cloney
1892 - 1970

Sister Gemma Cuccaro
1933 - 17 de julio de 2015

Sister M. Xavier Dehner
1894 - 1988

Sister Madeline Doerfler
1879 - 1941

Sister M. Paula Dollard
27 de enero de 1886 - 28 de junio de 1977

Sister Theresa Dollmeyer
1863 - 1946

Sister Anna Dorsey
1841 - 1913

Sister Laurentia Anna Doser
1 de agosto de 1874 - 31 de enero de 1920

Sister Therese Dowgiallo
1937 - 1990

Sister M. Joan Ducharme
1904 - 1999

Sister Mary Ann Ducharme
1903 - 1982

Sister M. Raphael Egerer
1875 - 1956

Sister Joseph Fetter
1889 - 1966

Sister Gonzaga Fisher
1866 - 1946

Sister Margaret Mary Foltzer
1913 - 1999

Sister Edward Galloway
1874 - 1961

Sister M. Patricia Galloway
1886 - 1978

Mother Claudia Garvey
31 de agosto de 1890 - 23 de marzo de 1961

Sister Liguori Garvey
9 de junio de 1906 - 16 de diciembre de 1997

Sister Roberta Giblin
7 de enero de 1917 - 21 de enero de 1992

Sister M. Ignatius Goforth
1876 - 1944

Sister Joan Ann Hallerman
2 de diciembre de 1934 - 6 de marzo de 2010

Sister Gertrude Head
1865 - 1937

Sister M. Catherine Healy
1898 - 1975

Sister Mary Eileen Heaps
1934 - 2006

Sister Dechantal Heil
1903 - 1996

Sister M. Marcella Heil
1890 - 1971

Sister Céline Hendley
1911 - 2008

Sister M. Anthony Hopwood
1923 - 1983

Sister Ernestine Johann
1923 - 2006

Mother Agnes Johnston
1871 - 1932

Sister M. Helen Johnston
1893 - 1980

Sister M. Inez Johnston
3 de agosto de 1887 - 2 de octubre de 1980

Sister M. Gabriel Keller
1901 - 1994

Sister M. Kathleen Kelly
1927 - 1980

Sister Benedict Kesock
22 de mayo de 1933 - 21 de febrero de 2014

Sister Dorothy Kocian
1913 - 2003

Sister M. Clara Kramer
1898 - 1973

Sister Bernadette Lauer
1902 - 1994

Sister Linda Lawrence
1941 - 2007

Sister Imelda Leissl
1904 - 1989

Sister Julian Leonard
14 de diciembre de 1913 - 12 de mayo de 1998

Sister Lucia Ljungman
1904 - 1995

Sister M. Evangelist Loehr
1870 - 1955

Sister Mary Loyola Lohmeyer
1 de febrero de 1893 - 20 de octubre de 1971

Sister Berchmans Loving
1876 - 1955

Sister M. Fidelis MacInnis
1897 - 1977

Sister Alexa Ann MacLean
5 de julio de 1938 - 10 de febrero de 1994

Sister Elizabeth Manner
1893 - 1968

Sister Martha Mary
1868 - 1954

Sister Mary Maura
1865 - 1951

Sister Carmelita McDonnell
1901 - 1946

Sister Philomena McDonnell
1905 - 1990

Sister M. Matilda Mikan
1908 - 1975

Sister Pauline Monahan
6 de julio de 1910 - 22 de marzo de 2003

Sister M. Johanna Moore
1917 - 1970

Sister Denise Mosier
26 de agosto de 1943 - 1 de agosto de 2010

Sister Gertrude Mueller
1926 - 2007

Sister Elizabeth Muldowney
1928 - 1980

Sister Rosemary Murphy
1900 - 1982

Sister Doris Nolte
27 de octubre de 1929 - 21 de mayo de 2023

Sister M. Rita Nolte
1903 - 1995

Sister Antonia Noonan
Octubre de 1861 - 1908

Sister Thomas Norris
1886 - 1904

Sister Patricia Jean "Pat" Clabaugh Novak
27 de septiembre de 1941 - 9 de julio de 2014

Sister Agnes O'Mara
1922 - 1998

Sister Gerard O'Neill
1894 - 1943

Sister Martina Overmeyer
1872 - 1949

Sister Hilda Patrick
1901 - 1955

Sister M. Patrick
1866 - 1978

Sister Mary Augustine "Irene" Redding
1888 - 9 de septiembre de 1954

Sister Mercedes Rollins
1899 - 1979

Sister Benedict Ross
1868 - 1953

Sister Vincent Ruscin
1911 - 2003

Sister Romayne Schaut
1929 - 2020

Sister M. Celestine Schmatz
1882 - 1972

Sister M. Monica Schnitzhover
1901 - 1955

Sister Hildegardis Schuster
1905 – 1993

Sister Veronica Shaddock
1902 - 1992

Sister Agnes "Placida" Showalter
Noviembre de 1860 - 28 de julio de 1932

Sister Hilda Showalter
14 de agosto de 1849 - 22 de abril de 1909

Sister Marie Teresa Smith
1898 - 1956

Sister Justina Spangler
1876 - 1955

Sister M. Louise Stefanik
1908 - 1977

Sister M. Loretto Stefko
1912 - 1981

Sister Rose Stenger
1871 - 1938

Sister M. Frances Strasburger
1878 - 1970

Sister Damian Tambola
28 de febrero de 1917 - 18 de septiembre de 2002

Sister Catherine Tholl
21 de marzo de 1881 - 25 de septiembre de 1915

Sister Clara Vogel
5 de marzo de 1841 - 27 de enero de 1903

Mother Edith Vogel
9 de agosto de 1845 - 21 de enero de 1903

Sister Gabriel Vogel
1869 - 1903

Sister Pierre Walker
1885 - 1969

Sister Mary Stephen Walters
17 de octubre de 1880 - 15 de diciembre de 1955

Sister Mary Weber
1878 - 1972

Sister Maura Wendl
1865 - 1951

Sister Ursula Weyand
1889 - 1966

Sister M. Carmel White
1905 - 30 de abril de 1993

Sister Jeanne Wirt
2 de junio de 1932 - 11 de octubre de 2007

Sister Mary Leo Wirt
1925 - 2020

Sister Anselma Wirtz
1875 - 1965

Sister De Sales Wittkamp
1867 - 1945

Sister Zita Zimmerman
Agosto de 1875 - 1901

Sister Henry Marie Zimmermann
25 de marzo de 1931 - 24 de octubre de 2020

Apéndice B
Lista de otras personas en el cementerio de Linton Hall

Rev. Raymond DeJaegher
1905 - 1980

Eduardo Facha García (ex-alumno de LHMS)
1944 - 1954

Rosemary G. Farquhar
8 de julio de 1953 - 19 de agosto de 2018

Virginia W. Farquhar (esposa de Bill)
3 de noviembre de 1914 - 16 de marzo de 1979

William Francis "Bill" Farquhar (entrenador y maestro de gimnasia)
30 de septiembre de 1915 - 4 de enero de 2011

Louis John "Louie" LeMoine (mantenimiento de terrenos)
1 de septiembre de 1927 - 30 de noviembre de 2009

Kevin David McKeon (graduado de LHMS)
7 de febrero de 1955 – 8 de julio de 1973

No figuran en la lista los laicos ni los residentes locales enterrados en el cementerio. Puede haber otros ex-alumnos o miembros del personal de los que no tengo conocimiento.

Apéndice C
Cementerio de la familia Linton

Ubicado en el barrio de casas al otro lado de Linton Hall Road. Para llegar, hay que caminar desde el final de la calle sin salida de Culloden Ct. en dirección oeste. NO seguir el sendero que baja, que pertenece a la asociación de propietarios. En vez, caminar por el borde del bosque con el bosque a su izquierda y la casa a su derecha, durante unos 50 metros, manteniéndose cerca del bosque. El cementerio está apenas dentro del bosque y está rodeado por un cerco de hierro negro alto de un metro y aproximadamente 10 por 10 metros. El monumento alto tiene cuatro nombres diferentes, uno en cada lado. Ver el mapa.

John Augustine Elliott Linton
5 de enero de 1769 - 2 de diciembre de 1822

John Tyler Linton
4 de enero de 1796 - 9 de septiembre de 1821

Sarah Tyler Linton
1763 - 19 de agosto de 1835

Anne Cecilia Philips
14 de agosto de 1828 - 17 de julio de 1917

Cecilia Anne Graham Philips
9 de julio de 1804 - 21 de mayo de 1878

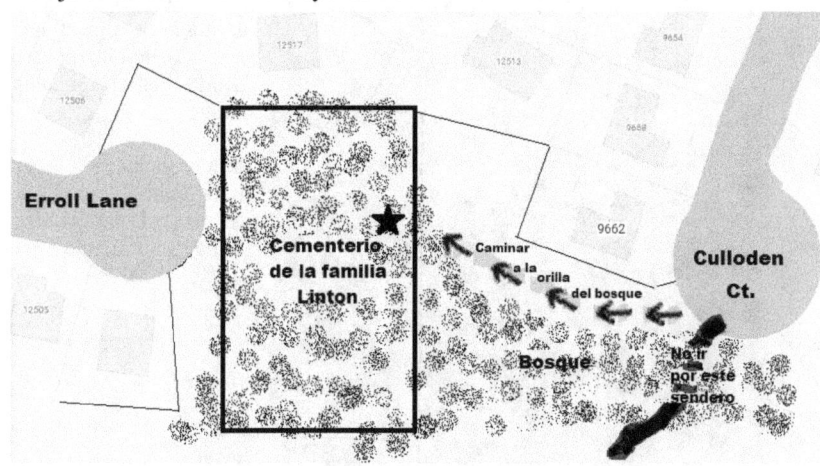

Arriba: Los cuatro lados del monumento alto. Las tumbas están marcadas con lápides con las iniciales del finado.

Izquierda: Lápide separada para Anne Cecilia Philips. Al pié de la tumba hay una lápide sin ninguna inicial.

Acerca del autor

Linton Hall Cadet asistió a la Linton Hall Military School en Bristow, Virginia, a fines de la década de 1960, donde obtuvo una medalla y se graduó como oficial.

Su volumen anterior sobre LHMS, *Linton Hall Military School Memories: One Cadet's Memoir* (disponible solamente en inglés) de 206 páginas (el doble del tamaño de este libro), que se ve a la derecha, fue publicado en 2014 y está disponible en amazon.com (para envíos a EE.UU.) y en amazon.com.mx (para envíos a México, y donde el precio está en pesos mexicanos.)

Su blog, que se puede encontrar en lintonhallmilitaryschool.blogspot.com, se inició en 2010 y la publicación más reciente se escribió en 2024. No espera seguir escribiendo su blog después de la publicación de este libro, pero si hay alguna actualización, la publicará en su blog.

Leyenda de fotografías en la tapa

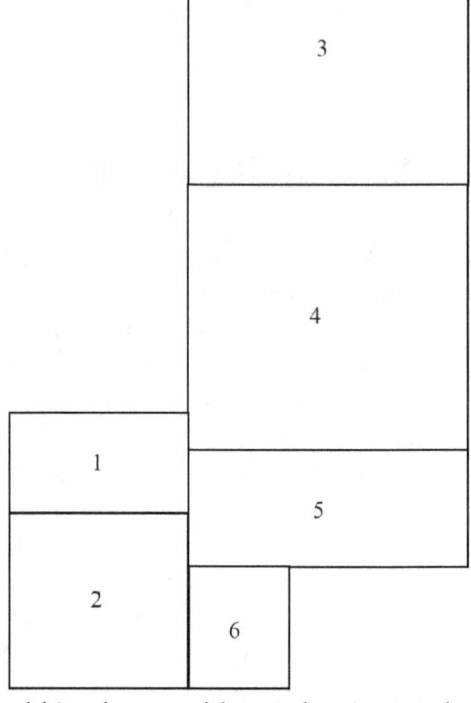

1. Los miembros del club de tiro de rifle recibían este parche, que venía cosido en el suéter azul que usábamos sobre nuestra camisa color caqui para ir a misa, y durante los domingos de visita.
2. Este parche fue otorgado la primera vez que fuiste a acampar durante la noche y la temperatura bajó a menos de 32 grados Fahrenheit (zero centígrado,) de ahí el nombre "Over & Under". También viene cosido en el suéter azul.
3. Insignia de metal de un sombrero de uniforme de gala. Décadas antes, la insignia estaba hecha de tela. Véase la foto de John Phillips en el capítulo 21.
4. Parche del hombro superior izquierdo del uniforme de gala. Las palabras en latín significan "Sello de la Escuela de Linton en el Estado de Virginia" y "Vivo para Dios y la Patria".
5. Detalle del costado del sombrero del uniforme de gala. El botón estaba mal cosido; el águila no debería estar de costado.
6. Botón de metal del abrigo marinero. Era un abrigo de lana azul marino que se usaba sobre el uniforme de gala. Tenía dos columnas de botones, con las letras *L* y *H*.

Frente: Chaqueta del uniforme de gala, de lana azul marino. Las dos rayas en la parte inferior de la manga izquierda son rayas de año, que se entregan al finalizar cada año. Como se distribuían a principios del año siguiente, esto significa que el propietario original del uniforme había completado dos años en LHMS y había regresado para un tercer año. El uniforme de la foto se fabricó en 1954 y anteriormente era propiedad de otro cadete, pero el diseño siguió siendo el mismo cuando el autor asistió a la Linton Hall Military School y por muchos años después.

www.ingramcontent.com/pod-product-compliance
Lightning Source LLC
Chambersburg PA
CBHW060425010526

44118CB00017B/2364